GAGNER EN BOURSE GRÂCE AUX DIVIDENDES

Bertrand (RevenusEtDividendes.com)

ISBN : 978-2-9561493-1-6 (format papier)

Je dédie ce livre à vous lecteur/lectrice.

Je fais le souhait qu'il soit votre Guide sur le Chemin de la Liberté Financière.

Table des matières

INTRODUCTION

Introduction

Paris, Avril 2019

Qui suis-je ?

Vous m'avez fait confiance en vous procurant ce livre, alors la moindre des politesses est de commencer en me présentant.

Je m'appelle Bertrand, j'ai 49 ans, en couple, et je suis le père de 3 filles âgées de 12 à 20 ans.

Avant toute chose, je tiens à préciser que je ne suis en aucun cas un « professionnel » de la finance, de la Bourse. Je ne travaille pas (et je n'ai jamais travaillé) dans ce secteur, dans ce milieu.

Je suis un simple « investisseur particulier », un « passionné » de la Bourse qui souhaite partager avec vous cette passion.

Cette caractéristique me permet de vous expliquer aujourd'hui la Bourse et l'investissement boursier avec des mots simples, compréhensibles par tout le monde.

Comme beaucoup d'entre vous, au début de mes investissements boursiers, j'ai été rebuté à investir en raison du charabia technique utilisé par la plupart des « experts », des « professionnels » de la Bourse. Je croyais alors que je n'étais pas assez « intelligent » pour comprendre (malgré un Bac + 5 en école de commerce !). Je dois dire (pour être franc) que j'étais même un peu « impressionné » par ces discours compliqués, alambiqués.

Avec le recul et après quelques années d'expérience, ma conviction est faite : la Bourse, ce n'est pas compliqué ! C'est même très simple.

La raison pour laquelle ces « professionnels » de la Bourse utilisent des termes abscons, c'est tout simplement pour valoriser leur travail, pour justifier leur activité ! Il leur faut bien, car si la Bourse était pratiquée par chacun et accessible à tout le monde, alors ils/elles n'auraient plus de raison de vous proposer les « produits » (c'est le terme qu'ils/elles utilisent dans leur jargon pour parler des valeurs dans lesquelles ils souhaitent que vous investissiez) qu'ils inventent pour gérer l'argent des épargnants.

Comme disait Georges Clemenceau : « *La guerre est une chose trop sérieuse pour être confiée à des militaires* ». On pourrait l'adapter à la Bourse, au monde de la finance pour dire que votre épargne est un sujet trop important pour être confié à des financiers.

Mon « amateurisme éclairé » me permet de partager mes connaissances (et aussi mes convictions) boursières, sans aucun autre but que celui de vous permettre d'apprendre, de vous former et de vous fournir des « clés » pour investir intelligemment et de manière rentable en Bourse.

Le but de ce livre est de vous rendre autonome et indépendant pour la gestion de votre argent.

Dans ce livre, je vous propose de « penser différemment » (*«T hink Different* » disait le fondateur d'Apple Steve Jobs– une belle action à dividendes, d'ailleurs).

Ce que je vais vous montrer et vous expliquer ici est, en effet, peu partagé. En France, tout du moins. Car, dans d'autres pays, aux Etats-Unis particulièrement, les éléments de connaissance que je vais partager avec vous sont bien plus connus.

Ils font l'objet de beaucoup de littérature et de publication sur Internet. J'y ferai d'ailleurs référence régulièrement dans ce livre. Je continue, de manière régulière et permanente, à les suivre pour perfectionner continuellement mes connaissances sur le sujet.

D'une certaine manière, les éléments que je partage dans ce livre sont un résumé, un condensé, une synthèse de ces ressources en langue anglaise.

Mon histoire

Si je suis un investisseur particulier, vous allez découvrir que l'investissement boursier est, pour moi, non seulement une «passion» mais est devenu mon activité principale. J'y ai investi, en particulier, l'ensemble de mon patrimoine !

Pour le comprendre, permettez-moi de me présenter plus en détail et de vous expliquer pourquoi j'investis dans les actions à dividendes.

Aujourd'hui, je vis à 100% de mes investissements boursiers dans les actions à dividendes. Et ce, depuis août 2016.

Les dividendes constituent aujourd'hui mon unique source de revenus. Ils sont mon « salaire », ma « rente ».

On pourrait ainsi dire que je suis « rentier » grâce aux dividendes de la Bourse.

On pourrait aussi dire que je suis à la « retraite » grâce à la Bourse.

Je n'aime néanmoins pas ces deux termes de « retraité » ou « rentier » car le sens commun (en France, du moins) les assimile à « l'oisiveté » ou « l'inactivité ». Or, c'est loin d'être le cas pour moi !

Par ailleurs, ces termes (surtout celui de « rentier ») sous-entendent que j'ai hérité de mon capital, de mon patrimoine. Ce qui n'est absolument pas le cas ! Mon capital provient uniquement et à 100% de mon épargne et de mes choix personnels. En ce sens, je ne considère pas que j'ai de la « chance » mais simplement que ma situation actuelle résulte de mes décisions personnelles.

Car, ma situation professionnelle n'a pas été toujours des plus florissantes…

Avant de devenir « rentier » et libre financièrement à 46 ans, j'ai eu plusieurs vies professionnelles : j'ai été 3 fois salarié, j'ai été 2 fois "indépendant" et j'ai été 2 fois "chef d'entreprise".

Si, dans chacun des cas, j'y ai trouvé des avantages, aucune des situations précédentes ne me rendait vraiment heureux.

Si le salariat me permettait de ne pas à avoir à me soucier des fins de mois, j'étais dépendant d'un patron pour le montant de mes revenus, pour mes congés, pour mes horaires de travail.

En étant indépendant, j'étais maître de mon emploi du temps, mais j'avais d'autres soucis, en particulier de dépendre de mes clients, de devoir "faire du commercial", de commencer mes missions quand mes clients étaient prêts et non pas quand j'étais disponible, d'être payé plusieurs mois après mes missions.

J'ai aussi créé 2 entreprises. Si j'y ai trouvé plus dc satisfactions, c'est un métier vraiment difficile car j'ai dû me battre pour trouver l'argent pour lancer l'activité, trouver des actionnaires, trouver les bons salariés, trouver des banques, mais aussi (le plus dur) trouver des clients. Au final, si j'étais plus maître de mon destin, j'étais constamment soucieux des fins de mois pour savoir si je pourrai me payer et je me "tuais" à la tâche.

Créer une entreprise, c'est aussi risqué et cela ne marche pas à tous les coups. Si ma première entreprise a plutôt été un succès, la seconde a été une expérience difficile puisque j'ai dû cesser l'activité sur un constat d'échec.

Après cet échec, au lieu de rechercher tout de suite un nouveau travail, j'ai pris du temps pour réfléchir.

Pour réfléchir à ce qui est important pour moi dans la vie.

Je suis arrivé au constat que le plus important pour moi était de passer du temps avec les personnes qui importent le plus pour moi : mes enfants et ma compagne ! Rien ne me remplit plus que cette présence auprès d'eux.

Mais aussi, l'argent pour me permettre de profiter de la vie, de leur offrir la qualité de vie qu'elles méritent (en particulier en vacances).

Je ne vous dirai pas que “l'argent ne fait pas le bonheur” car la vérité, c'est qu'il y contribue en partie. Mais, pour moi, l'argent n'est pas un but/une fin en soi, c'est un moyen de vivre pleinement la vie que j'ai choisi !

A ce moment-là, j'ai pris une décision qui a changé ma vie : j'ai décidé de choisir d'être, à moyen terme, libre financièrement ! De ne plus dépendre de personnes. De générer des revenus passifs, stables et réguliers.

C'est aujourd'hui ma situation depuis août 2016.

Mais je dois vous avouer que cela n'a pas été facile pour y arriver. Comme beaucoup, j'ai “galéré”.

J'ai d'abord vite compris que je ne pouvais compter que sur moi.

Après la fin de ma deuxième société, j'étais sans salaire et sans ressources.

Compter sur la “solidarité nationale” ? Quand je suis allé à la Caisse d'Allocation Familiale pour demander le RSA, on m’a répondu (croyez-moi, c’est vrai !) : “*Vous étiez chef d’entreprise ? Ben, revenez dans 2 ans pour voir si vous êtes vraiment sans revenus aujourd’hui ! On verra alors ce qu’on peut faire pour vous !*”

La retraite ? Pas possible de la toucher avant 65 ans, bien que j’ai cotisé 25 ans (un vrai scandale ce système de retraite français) ! Et en plus, vu la situation, je ne sais même pas si je pourrai la toucher !

Parmi les moyens d’arriver à ma liberté financière, j’avais bien identifié l’investissement boursier dans les dividendes.

Mais, à ce stade, je me trouvais confronté à plusieurs problèmes :

1. Je n’avais pas vraiment de connaissance sur le sujet.
2. Mes précédents investissements en Bourse n’avaient pas été vraiment couronnés de succès (j’achetais quelques actions sur des “conseils boursiers” qui ne s’avéraient pas vraiment rentables). Au final, je n’avais pas perdu d’argent, mais j’en avais pas gagné non plus.
3. Je ne disposais pas d’un capital de départ important.
4. J’avais peur des risques d'investir en Bourse.

J’ai néanmoins poussé les investigations.

A ce moment-là, je suis tombé par hasard sur un site américain sur l’investissement dans les dividendes. Plusieurs centaines de personnes présentaient leurs résultats et montraient comment ils étaient devenus rentiers grâce aux dividendes.

Il faut savoir que la méthode pour devenir rentier grâce aux dividendes est largement pratiquée avec succès par les particuliers comme vous et moi aux Etats-Unis. Elle est encore largement ignorée en France !

Cela a été comme un éclair pour moi. Je me suis dit : voilà la solution, voilà mon objectif, voilà le moyen d'y arriver !

Je vais être honnête avec vous : je n'y suis pas arrivé du jour au lendemain. Et, sauf à disposer d'un capital de plusieurs centaines de milliers d'euros au départ, cela nécessite du temps et une méthode rigoureuse pour y arriver.

Pour me constituer un capital de départ, j'ai commencé par vendre mon appartement !

Aujourd'hui, je ne suis plus propriétaire mais locataire. C'est cela qui m'a permis de commencer mes investissements boursiers.

Puis, j'ai décidé de me former, d'apprendre pour y arriver. J'y ai passé plus de 6 mois à lire des milliers d'articles sur internet, j'ai acheté des dizaines de livres, j'ai dépensé plusieurs centaines d'euros en formation et livres.

Si ma décision était prise, mon chemin tracé, je ne pouvais néanmoins pas en vivre à court terme car j'avais compris que la méthode nécessitait du temps pour qu'elle produise ses effets.

J'ai donc fait mes premiers investissements, et, en parallèle, je me suis donc remis à chercher un travail pour pouvoir vivre.

J'ai été embauché et après un an j'ai été viré, licencié !

Mais, contrairement à ce que beaucoup de personnes ressentent à ce moment-là, j'étais serein. Car, ma méthode fonctionnait et je percevais déjà des revenus de mes investissements dans les dividendes !

Je me suis retrouvé au chômage et, alors que je bénéficiais cette fois des allocations, j'ai décidé d'utiliser cette période non pas pour rechercher un nouvel emploi, mais pour perfectionner ma méthode et mes investissements.

Et j'y suis arrivé !

Depuis août 2016, mes revenus sont constitués uniquement de mes revenus de dividendes. Je publie régulièrement mes revenus sur le site **RevenusEtDividendes.com** où vous pouvez le constater.

Aujourd'hui, je suis libre ! Libre de mon temps car libre financièrement.

Pour la première fois de ma vie, je ne dépends de PERSONNE ! Mes revenus sont des revenus 100% passifs et automatiques !

Je dispose de mon temps comme je veux. Je passe plus de temps avec mes enfants. Le mercredi, c'est le "jour des enfants" : je ne travaille pas, je reste avec eux, je m'occupe d'elles ! Quel bonheur !

J'ai aussi du temps pour voyager avec eux et/ou ma compagne : Portugal, Afrique du Sud, Thaïlande, Costa Rica sont quelques unes de mes dernières destinations. Et ce n'est pas fini !

Mon parcours et mon portefeuille boursier

Comment j'en suis arrivé là ? Avec quel capital de départ ? Qu'en est-il aujourd'hui ?

Voici mon parcours boursier.

J'ai commencé concrètement mes investissements boursiers dans les dividendes en 2012 avec un capital de départ de 300 000 €, réparti entre un compte-titres (80 000 €) et un PEA (220 000 €).

Mon PEA a été ouvert en 2005 et alimenté régulièrement entre 2005 et 2012 jusqu'au plafond de 150 000 € autorisé. La valorisation de ce PEA se montait à 220 000 € au début 2012 grâce aux gains effectués sur mes investissements passés.

Si on regarde la performance de mon investissement dans les actions à dividendes, le résultat est une performance + 92% entre début 2012 et fin 2018.

Ma performance annualisée est de 9,8 %/an (contre 5,9 %/an pour le CAC 40) entre début 2012 et fin 2018.

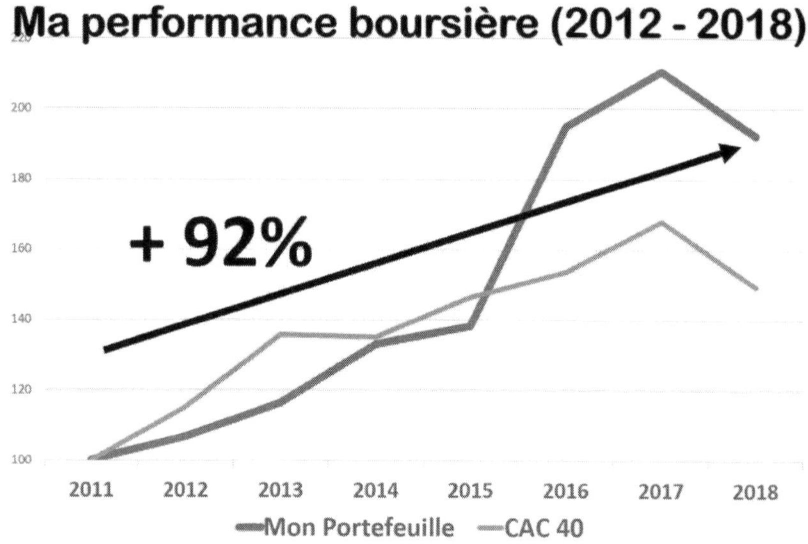

Mon portefeuille est ainsi passé d'une valorisation de 300 000 € (début 2012) à 477 005 € (fin 2018, en incluant les retraits que j'ai effectué pour vivre de mes dividendes).

En termes de revenus, sur la même période, j'ai gagné 200 732 € de dividendes (réinvestis jusqu'en 2016, et donc inclus dans la performance totale).

En 2018, mes placements boursiers m'ont rapporté exactement 35 659 € en revenus de dividendes (hors impôts sur le revenu – mais incluant les autres « taxes » détaillées dans le chapitre consacré à la fiscalité)[1].

La transparence sur ma situation n'est en aucun cas de la vanité ni de la prétention. Elle vise à vous montrer que

[1] Voir ici le détail : https://revenusetdividendes.com/combien-gagner-en-bourse-2018/

l'investissement dans les actions à dividendes n'est pas pour moi un sujet théorique mais bien une réalité pratique que je vis au quotidien depuis 2012.

Si je vous explique dans ce livre tout l'intérêt de l'investissement dans les actions à dividendes, mon parcours boursier vous montre que je pratique personnellement à haute dose l'investissement dans les dividendes (j'y ai placé 100% de mon patrimoine) et que je mets mes convictions en action 😊

Mon site et ma chaîne Youtube

Depuis mars 2016, j'ai décidé de partager ma passion sur la Bourse et l'investissement dans les dividendes en lançant le site internet **RevenusEtDividendes.com**.

Je vous invite à le consulter. Il est un bon complément à ce livre et vous apportera des informations nouvelles ou des approfondissements sur certains points. Il fait l'objet d'ajouts et d'actualisation réguliers.

Je publie, en particulier, en accès libre et gratuit, mon portefeuille boursier (actualisé tous les 2 mois)[2].

Vous pouvez ainsi découvrir les actions que j'ai en portefeuille à tout moment, et suivre les opérations d'achat/vente que j'effectue dans mon portefeuille.

Sur RevenusEtDividendes.com, j'ai aussi développé des outils pour vous aider à gérer votre portefeuille boursier tels que des

[2] Ici : https://revenusetdividendes.com/portefeuille-bourse-revenus-et-dividendes/

guides, mais aussi des logiciels (en particulier, le logiciel EZPortfolio de gestion de portefeuille boursier[3]).

Sur RevenusEtDividendes.com, vous pourrez également vous former/apprendre, en particulier en suivant ma méthode pour devenir rentier grâce à la Bourse[4].

Je précise que certaines informations contenues dans ce livre ont pu faire l'objet d'un article sur le site RevenusEtDividendes.com. Dans ce cas, j'y ferai référence et je vous inviterai à le consulter.

Enfin, j'ai également ouvert ma chaîne Youtube RevenusEtDividendes.com[5] sur laquelle je publie des vidéos explicatives de mes articles de RevenusEtDividendes.com. Ces vidéos sont d'ailleurs elles-mêmes reprises dans les articles du site.

Enfin, vous pouvez également me retrouver sur la page Facebook de RevenusEtDividendes[6].

L'objectif et le cadre de ce livre

L'objectif de ce livre est clairement de vous présenter tout l'intérêt de l'investissement dans les dividendes pour « gagner en Bourse ».

[3] https://revenusetdividendes.com/logiciel-suivi-portefeuille-bourse-ezportfolio/

[4] http://revenusetdividendes.com/devenir-rentier-grace-aux-dividendes/

[5] Tapez « Revenus et Dividendes » dans l'outil de recherche Youtube pour trouver ma chaîne.

[6] https://www.facebook.com/revenusetdividendes/

Vous y découvrirez pourquoi l'investissement dans les dividendes est une stratégie d'investissement boursier qui vous permet, sur le long terme, à la fois de valoriser (c'est-à-dire d'augmenter) votre investissement tout en générant des revenus réguliers et, si possible, croissants.

Je tiens à préciser que, pour être rentable, la stratégie ne peut être mise en œuvre que sur un horizon de placement long terme (c'est-à-dire plus de 10 ans – 15 ans).

Autrement dit, il faut bien être conscient que l'investissement dans les dividendes (comme tout investissement boursier) nécessite que vous n'ayez pas besoin de retirer l'argent placé avant cet horizon long terme. C'est la condition sine qua non d'un investissement rentable et profitable.

Ces remarques préliminaires posées, mon souhait le plus cher est que, à la fin de votre lecture, vous ayez confiance en vous et que vous deveniez maître de votre épargne. La liberté financière est à votre portée, j'en suis convaincu.

Pour vous remercier d'avoir commandé ce livre, je vous réserve même un cadeau pour vous aider dans vos investissements dans les dividendes ! Vous le trouverez à la fin de ce livre.

Rentrons maintenant dans le vif du sujet.

Partie 1 : Comprendre le Dividende

« Savez-vous quelle est la seule chose qui me fasse plaisir?
C'est de voir mes dividendes arriver »

(« Do you know the only thing that gives me pleasure?
It's to see my dividends coming in »)

John D. Rockefeller

Partie 1 : Comprendre le Dividende

Dans cette partie, nous allons voir en détail les notions de « dividende », de «rendement » et de « calendrier du dividende ».

Ces notions sont essentielles pour la compréhension des chapitres suivants.

Qu'est-ce qu'un dividende ?

Le « dividende » (appelé aussi parfois « coupon ») correspond au versement d'une somme d'argent aux actionnaires d'une société.

Par exemple, en 2016, la société pétrolière Total a versé un montant (brut) de 2,45 € par action.

Cela signifie que :

1. Pour recevoir cette somme, vous devez être actionnaire de Total au moment du « détachement du dividende » (voir plus loin).

2. Les 2,45 € (brut) sont versés pour chaque action possédée. Ainsi, si vous avez 10 actions Total dans votre portefeuille boursier, vous recevrez 24,5 € de dividendes (brut). A noter : il n'est pas possible de recevoir des « parts » de dividendes (50%, par exemple) car il n'est pas possible de posséder des «

parts » d'actions. Le montant versé est donc un multiple du nombre d'actions que vous possédez en portefeuille.

3. Le montant du dividende communiqué par la société est toujours un montant « brut », c'est-à-dire hors impôts, taxes et prélèvements divers (voir le chapitre sur la fiscalité). Le montant « brut » correspond au montant que la société verse aux actionnaires, même si le montant reçu dépend de la fiscalité du compte sur lequel vos actions sont logées.

Si le paiement du dividende se fait majoritairement en cash/numéraire, notons cependant que les dividendes peuvent aussi être payés en actions. Dans ce dernier cas, la société proposera à ses actionnaires de leur verser le dividende sous forme d'actions de la société.

Par exemple, la société française Total propose en 2017 à ses actionnaires de verser les dividendes sous forme d'actions. Cette opération est, généralement, intéressante à la fois pour l'actionnaire (qui reçoit des actions à un cours inférieur au cours de Bourse) et pour la société (qui ne « sort » pas d'argent pour payer ses dividendes).

Il faut noter que cette proposition est toujours « optionnelle », c'est-à-dire qu'elle n'est pas une obligatoire et que les actionnaires ont toujours le choix de choisir le paiement du dividende en cash/numéraire (c'est d'ailleurs l'option « par défaut », c'est-à-dire que si vous ne vous manifestez pas pour recevoir le dividende en actions, celui-ci sera versé en cash/numéraire).

Cette pratique est d'ailleurs très courante aux Etats-Unis, en Angleterre et se développe aussi en France (outre la société Total, des sociétés comme le Crédit Agricole, Saint-Gobain ou Dassault System proposent aussi cette option).

A titre d'information, les sociétés du CAC 40 ont reversé 46,2 milliards d'euros de dividendes bruts pour l'année fiscale 2016 (hors rachat d'actions)[7]. Cela représentait une hausse d'environ 13% sur un an.

Le montant des dividendes versé dépend essentiellement de 2 facteurs : le montant du résultat des sociétés et le « taux de distribution » (nous verrons par la suite que, dans la pratique, ce n'est pas toujours le cas et que d'autres considérations rentrent en jeu).

A titre d'exemple, en 2016, les entreprises du CAC 40 ont reversé à leurs actionnaires 57% de leurs résultats sous forme de dividendes. C'est ce qu'on appelle le « taux de distribution ».

Pourquoi les entreprises versent-elles un dividende ?

Ce sujet est vaste et fait l'objet de nombreux points de vue différents de la part des investisseurs sur la question.

Je vais tenter ici de vous donner des éléments d'éclaircissement.

[7] Source : https://www.lesechos.fr/09/01/2017/lesechos.fr/0211673522438_bourse---les-dividendes-records-du-cac-40.htm

Ce qu'il faut bien comprendre sur le sujet, c'est que :

1. **Aucune entreprise n'est obligée de verser des dividendes à ses actionnaires.**

Contrairement à ce que beaucoup de gens pensent, le versement du dividende aux actionnaires n'est ni automatique ni obligatoire. Cette règle s'applique à la fois pour les sociétés non cotées mais aussi pour celles cotées. Même si les « grandes entreprises » versent majoritairement des dividendes à leurs actionnaires. En 2016, parmi les sociétés du CAC 40, les sociétés Peugeot et ArcelorMittal n'ont pas versé de dividendes à leurs actionnaires en raison de leurs difficultés financières (pertes).

2. **Aucune entreprise qui verse des dividendes n'a l'obligation de le faire dans le futur.**

De la même manière, si une société verse régulièrement des dividendes, elle n'est pas obligée et tenue de le faire à l'avenir. La société Peugeot est un exemple puisque si, depuis 2013, elle ne verse plus de dividendes, elle l'a fait pendant longtemps.

De même une société qui ne verse pas de dividendes aujourd'hui peut être amenée à le faire dans le futur. La société Apple est un bon exemple puisqu'elle verse des dividendes depuis 2012, bien qu'elle ne l'ait pas fait de 1995 à 2011 (le fondateur Steve Jobs y était opposé).

3. **Le versement des dividendes** (ainsi que le montant et les modalités de versement) **est un choix de la direction de l'entreprise** (mais qui doit être approuvé par l'assemblée générale des actionnaires).

Ce point est extrêmement important (voire le plus important) : le fait de verser (ou non) un dividende est d'abord un choix de la société et de ses dirigeants. Fondamentalement, aucune raison objective ne justifie le paiement des dividendes autre que la décision de le faire.

Outre le versement du dividende, la direction de l'entreprise propose le montant et les modalités de versement du dividende (option de paiement en actions, date de détachement, date de versement, périodicité du versement, etc…).

Il convient de noter que la décision de verser un dividende et les modalités de versement de ce dividende restent la prérogative des actionnaires. C'est pour cette raison que cette décision doit être approuvée par les actionnaires lors de l'assemblée générale des actionnaires (au moins une fois par an).

4. **Le principe général qui préside au choix de versement d'un dividende est celui de « l'allocation optimalc du capital ».**

Pour expliquer cette notion, il faut d'abord comprendre que l'achat d'une action de société (même cotée en Bourse), tout comme la création d'entreprise, correspond à un « investissement ». Autrement dit, il s'agit de « gagner de l'argent ». C'est la motivation principale (et logique) des créateurs d'entreprise ou des investisseurs. Si ce n'était pas le cas, pourquoi investir ?

Cet objectif posé, les dirigeants d'entreprise ont pour objectif de maximiser, d'optimiser l'investissement des actionnaires en leur faisant « gagner de l'argent ».

Pour ce faire, la société investit l'argent des actionnaires dans des projets qui lui permettent de générer des revenus (à plus ou moins long terme) et ainsi augmenter ses bénéfices. En général, la société a le choix entre plusieurs projets. Elle choisira alors les projets avec les meilleures perspectives de gains : c'est ce qu'on appelle « allouer le capital » de manière optimale. Une société investira ainsi plutôt dans des projets/investissements qui ont une perspective de profitabilité (ou de « rendement ») de 20%/an plutôt que dans des projets à 3%/an.

Mais, dans certains cas, la société n'a pas forcément de projets d'investissement avec une rentabilité prévisionnelle intéressante. Dans ce cas, distribuer un dividende peut tout à fait être une allocation optimale du capital, s'il n'existe pas de projets d'investissement à plus forte rentabilité que le rendement de l'action.

Il est plus « optimal » de verser un dividende de 5% à ses actionnaires plutôt que d'investir dans des projets qui « rapportent » 2%-3% !

C'est pour cette raison que la plupart des sociétés qui versent des rendements élevés sont des sociétés qui opèrent dans des secteurs « matures » (sans perspectives de croissance forte à court-moyen terme) comme les télécoms (la société ATT aux USA est un bon exemple), la construction/bâtiment (exemple : Bouygues), l'immobilier (ce qu'on appelle les « sociétés foncières »), etc…

Inversement, en général, les sociétés en forte croissance préfèrent conserver leur argent pour investir dans des projets qui vont augmenter significativement leurs bénéfices à court-moyen terme. C'est le cas, en particulier, des valeurs « technologiques » telles que Google, Facebook, Amazon, etc…qui ne versent pas (pour l'instant) de dividendes à leurs actionnaires.

Le fait que la société Apple (on peut citer aussi l'exemple de Microsoft) verse, depuis 2012, des dividendes alors qu'elle ne l'a pas fait auparavant est le signe que la société est passée d'un statut de valeur de « croissance » à valeur « mature ». Certains actionnaires y ont vu, d'ailleurs, un signe négatif et ont vendu leurs actions.

5. **Pour certains investisseurs, le versement du dividende est la preuve de l'inefficacité de la direction de l'entreprise ou un mauvais choix.**

Car, pour beaucoup d'investisseurs, le choix de verser un dividende est un aveu d'impuissance du management face à l'incapacité à trouver des projets à forte rentabilité. Il s'agit aussi, dans tous les cas, d'une amputation potentiellement pénalisante de ses ressources financières.

Ainsi, aux entreprises qui paient des dividendes, ces investisseurs préfèrent celles qui réinvestissent le produit de leurs activités à des rendements supérieurs.

Selon ces investisseurs, l'exemple de Sanofi illustre bien leur vision : l'entreprise investit son capital dans des opérations de croissance pour un rendement typiquement supérieur ou égal à 20% par an, son action est restée longtemps sous-valorisée, et pourtant le management paie un (trop généreux) dividende !

A leurs yeux, il s'agit d'un "arbitrage vers l'inefficace"., d'une mauvaise "allocation de capital". Même si la performance boursière de Sanofi est supérieure à l'indice parisien CAC 40 sur le long terme, selon eux, rien ne dit que la société n'aurait pas fait mieux en réinvestissant le produit de ses bénéfices plutôt que de le verser aux actionnaires sous forme de dividendes.

Par ailleurs, ces investisseurs déplorent le « couperet fiscal » du dividende. En ne versant pas de dividendes, la société « n'oblige » ainsi pas l'actionnaire à subir la fiscalité du dividende, et donc à payer des impôts. Cet argument, valable en particulier dans un compte-titres (mais pas dans un PEA), est fondé sur le fait que la distribution de dividendes implique un paiement d'impôt « forcé », alors que le moment du paiement de cet impôt pourrait être « choisi » (en fonctions des contraintes de chacun) lors de la revente des actions (via la taxation des « plus-values ») si la société ne versait pas de dividendes.

Bref, comme vous le voyez, la question fait l'objet de nombreux débats et controverses !

A ce stade, le plus important de comprendre est que la question de savoir pourquoi les entreprises versent des dividendes se résume à la réponse : **parce qu'elles le décident !**

Il n'y a pas de réponse théorique ou objectif à cette question autre que celle de dire qu'elle résulte d'un choix de la direction de l'entreprise. Ce sont aux actionnaires qu'il revient de trancher si c'est un bon ou un mauvais choix en votant pour ou contre cette décision en assemblée générale des actionnaires. Il arrive ainsi même parfois que certains actionnaires s'y opposent !

Le « calendrier du dividende »

Le calendrier des dividendes correspond aux dates à connaître pour bénéficier du versement des dividendes d'actions en Bourse.

Nous allons voir ici :

- Quand et comment est déterminé le montant des dividendes ?
- Les 3 dates importantes à connaître pour le calendrier du dividende.
- Les principales différences entre le calendrier des sociétés françaises et celui des sociétés étrangères.

Quand et comment est déterminé le montant des dividendes ?

Il faut savoir que le montant du dividende est déterminé par l'assemblée générale des actionnaires.

En générale, cette réunion a lieu une fois par an, pour l'approbation des comptes. C'est pour cette raison que, dans la majorité des cas, les dividendes sont versés une fois par an.

C'est le cas de la majorité des entreprises françaises, qui attendent cette assemblée générale et l'approbation des comptes pour déterminer le montant du dividende et verser ce dividende.

Néanmoins, ce qu'il faut savoir, c'est que ce n'est pas parce que le montant du dividende est décidé/approuvé une fois par an que cela oblige les sociétés à verser le dividende en une seule fois.

La preuve en est, sur le marché français, une société Total verse son dividende trimestriellement, (donc 4 fois/an) car le management a reçu l'autorisation de l'assemblée des actionnaires de verser des "acomptes" sur dividende.

Cet acompte doit néanmoins recevoir l'approbation du conseil d'administration, qui se réunit donc au moins 4 fois par an pour approuver ces "acomptes".

En fait, ce qui est important de savoir, c'est que c'est le montant total du dividende annuel qui est décidé/approuvé par l'assemblée générale des actionnaires une fois/an.

Rien n'empêche donc une société de verser des acomptes sur dividende.

Sur le marché français, sur le CAC 40, il y a ainsi 5 ou 6 sociétés qui versent des dividendes trimestriels. C'est donc plutôt une exception que la règle.

Aux Etats-Unis, c'est plutôt l'inverse : la plupart des sociétés versent des dividendes trimestriels (c'est la règle). Il y a même certaines sociétés qui versent des dividendes chaque mois (voir plus loin).

Quelles sont les dates importantes de versement du dividende ?

La date d'annonce du dividende

Comme son nom l'indique, c'est la date où sont annoncés le montant des dividendes versés, ainsi que les modalités de versement (date de détachement en particulier, type de versement – en actions ou numéraires -, etc..). Pour les actions américaines, cette date est appelée « declaration date ».

Pour les actions qui versent un dividende annuel, c'est une fois par an. Pour celles qui versent un dividende trimestriel cette annonce a lieu 4 fois/an.

Rappelons que, pour les sociétés qui versent un dividende chaque trimestre, ce dividende est un acompte.

Dans ce cas, ce qui est intéressant, c'est que cet acompte est annoncé en avance.

Certes, ce n'est qu'une partie du dividende, mais il n'empêche, cette partie est annoncée en avance. Cela donne une bonne visibilité, une bonne indication sur le montant du dividende annuel.

Et le délai est souvent important. Toujours pour reprendre l'exemple Total, le 28 Octobre 2016, la société a annoncé le montant du dividende qui sera détaché le 20 mars 2017. Soit 5 mois à l'avance !

Celui que je vais recevoir en décembre prochain a été annoncé en juillet !

Pour les actions américaines qui versent un dividende mensuel, l'acompte est, en général, annoncé tous les trimestres, et ce pour une période de 3 mois en avance. La visibilité ainsi offerte sur les versements de dividendes dépasse ainsi les 6 mois !

A titre d'exemple, voici le communiqué d'annonce d'une action à dividende mensuel américaine qui, comme vous pouvez le constater, a annoncé en novembre 2016 le montant des dividendes versés jusqu'en avril 2017 :

Dividends

Subsequent to quarter end, on November 2, 2016, the Company's Board of Directors declared a monthly common stock dividend of $0.116667 per share for the months of January, February and March 2017, representing an increase of approximately 1%. The chart below details the common dividends declared:

FOURTH QUARTER 2016 & FIRST QUARTER 2017 COMMON DIVIDENDS

Month	Record Date	Payment Date	Dividend
October 2016	October 31, 2016	November 15, 2016	$0.115833
November 2016	November 30, 2016	December 15, 2016	$0.115833
December 2016	December 30, 2016	January 17, 2017	$0.115833
January 2017	January 31, 2017	February 15, 2017	$0.116667
February 2017	February 28, 2017	March 15, 2017	$0.116667
March 2017	March 31, 2017	April 17, 2017	$0.116667

Information publiée le 3 Novembre 2016

Les dividendes sont annoncés jusqu'en Avril 2017

La date de détachement du dividende

C'est la date la plus importante dans le calendrier des dividendes pour toucher son dividende. Elle est valable que ce soit pour le dividende complet ou pour les acomptes de dividendes (cas des sociétés versant des dividendes trimestriels ou mensuels).

En anglais, cette date est appelée « ex-div date » ou « ex-dividend date ».

C'est :

- Ce jour-là que la société donne le droit aux actionnaires de recevoir le dividende.
- Ce jour-là que le dividende est « détaché » du cours de Bourse.

Ce qu'il faut ABSOLUMENT savoir, c'est que pour recevoir le dividende (ou l'acompte sur dividende) d'une action, **vous devez être actionnaire la veille de la date du détachement du dividende.**

Aux Etats-Unis, c'est plutôt 2 jours avant (cette date est appelée « record date », comme dans l'exemple ci-dessus).

Pour être précis, vous devez être actionnaire la veille du jour de Bourse de la date de détachement.

Ainsi, si la date de détachement d'une action est le mardi 8 novembre, vous devez être actionnaire de la société le lundi 7 novembre au soir. Vous devez donc avoir acheté les actions de la société avant le 7 novembre à la fermeture de la Bourse.

Si la veille du jour de détachement est un jour où la Bourse est fermée (ou correspond à un week-end, par exemple), il faudra que vous soyez actionnaire le jour de Bourse ouvert précédent la date du détachement. Il faut donc bien vérifier le calendrier des jours d'ouverture de chaque Bourse.

Cela veut dire que vous n'avez pas besoin de posséder et de garder les actions de la société pendant plus qu'un jour ou quelques heures pour recevoir le dividende. Contrairement à ce que beaucoup pensent, vous n'avez pas besoin de garder les actions de la société pendant un an pour recevoir le dividende d'une action !

De même, le jour de détachement, vous pouvez vendre vos actions et vous recevrez bien le dividende. Vous le recevrez à la date de versement du dividende (et non pas le jour du détachement).

La date du détachement est importante car c'est la date où le dividende est "détaché" du cours de Bourse de l'action.

Qu'est-ce que cela signifie ? Le jour du détachement, le dividende est "détaché", cela signifie que le cours de Bourse de l'action baisse à hauteur du montant brut du dividende.

Donc, concrètement si vous avez une action qui vaut 100 € la veille du détachement du dividende, que cette société verse un dividende (brut) de 5 €, automatiquement le jour du détachement, le cours de Bourse baissera à 95 €.

Dès lors, la variation du cours de Bourse qui est calculée par les sites boursiers prend en compte ce "détachement". Ainsi, si une action vaut 100 € la veille du jour de détachement et qu'elle détache 5 €, son cours baisse à 95 €, mais cela n'est pas calculé comme une baisse. Si, à la fin de la journée de détachement, elle est revenue à 97 €, la variation d'un jour à l'autre sera de +2% ((97+5)/100) et non pas de -3% ((97-100)/100).

Voici à titre d'exemple, la variation du cours de Bourse d'une action française (ABC Arbitrage) suite au détachement du dividende le 17 novembre 2016 :

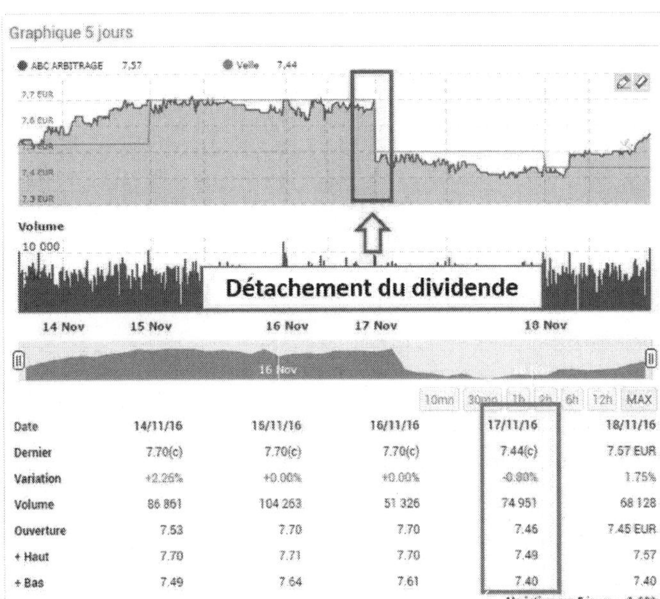

Vous verrez souvent des remarques sur ce sujet dans les forums boursiers (comme celui de Boursorama) où certains contributeurs ne comprennent pas le calcul de variation du cours de Bourse.

Le détachement du dividende entraîne une baisse du cours de l'action du même niveau que le montant brut du dividende versé.

Ce point est extrêmement important.

C'est pourquoi quand vous entendez des discours politiques qui disent que les "dividendes enrichissent les actionnaires", c'est une ineptie et une absurdité totale puisque ce que vous gagnez d'un côté par le versement du dividende, vous le perdez de l'autre par la baisse du cours de Bourse.

Comptablement, le détachement du dividende est une opération "blanche" ou "neutre".

Puisque les dividendes sont fiscalisés (en particulier dans un compte-titres), la somme nette (après déduction des taxes, prélèvements sociaux et autres impôts sur les dividendes) que vous recevez est inférieure à la baisse du cours de Bourse de la société.

Vous comprenez mieux pourquoi certains actionnaires, certains investisseurs sont opposés au versement des dividendes.

Ce n'est, bien entendu, pas mon point de vue. Nous allons voir, par la suite, pourquoi, dans la pratique, l'investissement dans les actions à dividendes est particulièrement rentable et offre à la fois des perspectives de valorisation supérieures aux autres actions, tout en générant des revenus réguliers.

Car, comme nous le verrons, les sociétés qui versent des dividendes sont, historiquement, mieux gérées que les autres sociétés.

En s'obligeant à verser des dividendes, les sociétés se "coupent" de ressources financières (celles versées en dividendes) et cela les amène à faire mieux avec moins. Cette contrainte financière les amène à optimiser leurs ressources financières et à se concentrer sur des choix d'investissements les plus judicieux, c'est-à-dire les plus rentables.

C'est dans la contrainte, dans l'effort qu'on donne le meilleur de soi-même. En tout cas, c'est ce que les données historiques montrent et, finalement, c'est une belle leçon de vie !

La date de versement du dividende

Cette date est parfois appelée aussi « date de mise en paiement « . En anglais, cette date est appelée « Payment date » (ou « Payable date «).

C'est la date où vous recevez le dividende sur votre compte. Elle peut être différente selon les sociétés.

En général, pour les sociétés françaises, le délai de versement est assez court. Si elles versent un dividende qu'une seule fois par an, on peut dire que le dividende est versé rapidement (quelques jours).

Mais ce n'est pas toujours le cas.

Déjà, ce n'est pas le cas pour les sociétés qui proposent de verser un dividende en actions. Ainsi, au lieu de recevoir le montant du dividende en numéraire (en euros), les sociétés proposent de recevoir ce montant de dividende en équivalent d'actions.

Cette option implique de demander à chaque actionnaire de se positionner par rapport à cette proposition. Il existe donc un délai de réflexion offert aux actionnaires pour choisir entre le paiement du dividende en numéraire ou en actions. Le délai dépend de chaque société. Par exemple, pour le dividende de la société Total (qui propose un paiement des dividendes en actions), le dividende détaché le 21 décembre 2016 a été payé le 12 janvier 2017 (soit environ 3 semaines plus tard) car la période de réflexion et de choix de l'option courrait du 21 décembre 2016 au 4 Janvier 2017.

Par défaut, dans ce cas, si vous ne répondez pas à la proposition de paiement du dividende en actions, le paiement se fait en numéraire.

Voici, à titre d'exemple, le communiqué de presse de l'acompte du dividende Total :

28/10/2016 *Communiqué de presse*

Paris - Le Conseil d'administration du 27 octobre 2016 a décidé de fixer à 0,61 euro par action le montant du troisième acompte trimestriel au titre de l'exercice 2016. Cet acompte, d'un montant identique à celui du deuxième trimestre 2016, sera détaché le 20 mars 2017.
Le Conseil d'administration se réunira le 15 mars 2017 afin de :

* décider la mise en distribution de ce troisième acompte sur dividende ;
* proposer l'option du paiement de cet acompte en actions nouvelles de la Société ;
* fixer le prix d'émission de chaque action nouvelle à un prix égal au minimum à 90% de la moyenne des premiers cours cotés sur Euronext Paris lors des vingt séances de bourse précédant la réunion du Conseil d'administration, diminuée du montant de cet acompte ;
* fixer la période d'option pour le paiement de l'acompte en actions nouvelles entre le 20 mars 2017 et le 29 mars 2017 inclus ;
* décider la mise en paiement à compter du 6 avril 2017.

La question de savoir s'il faut ou non opter pour le paiement du dividende en actions dépend de votre situation, de vos objectifs et des conditions de l'option proposée. Fiscalement, le choix n'a pas d'impact.

Pour les actions étrangères, contrairement à la France, le délai de versement est assez long.

C'est en particulier le cas sur les actions anglaises. Le plus long temps de versement des dividendes que j'ai constaté est celui sur les actions anglaises.

Par exemple, pour l'action GlaxoSmithKline, le dividende détaché le 11 août 2016 a été reçu le 14 octobre 2016, soit environ 2 mois après ! Une des raisons est que, là aussi, une option de paiement du dividende en actions est proposée aux actionnaires.

Concernant les actions américaines, on est en général sur un délai d'environ 1 mois.

Le « rendement » et comment le calculer

Le « rendement » est une notion importante et fondamentale dans le cas d'une action à dividendes.

On distingue plusieurs types de « rendement ».

Le « rendement » brut

Sans précision, et dans son acceptation la plus générale, quand on parle de « rendement », on parle de «rendement brut» («yield» en anglais).

C'est cette notion qui est utilisée par la presse, les sites boursiers ou tout autre site d'information quand est évoquée la notion de « rendement » pour les actions à dividendes.

Le « rendement » d'une action correspond alors au rapport entre le montant du dividende brut distribué par la société (sur une base annuelle) divisé par le cours de l'action.

Ainsi, si une société X qui est cotée 100 euros en Bourse verse un dividende brut annuel de 5 euros, on dira que le « rendement » est de 5%.

Ce « rendement brut » ne tient pas compte de la fiscalité du possesseur des actions.

Il correspond au dividende distribué par la société aux actionnaires.

Deux points sont à noter sur ce « rendement brut » :

1. Tout d'abord, **ce taux est fluctuant car il dépend du cours de Bourse de la société au moment de son calcul**.

Il n'est donc jamais stable et fluctue en fonction de la date choisie. Attention donc quand vous lisez une information comme : « En 2015, le rendement des actions composant l'indice CAC 40 a été d'environ 3% ». Tout simplement, cela ne veut rien dire ! Car, le rendement se calcule à une date donnée et pas sur une année entière.

La question qui se pose ici est de savoir quel « cours » a été pris en compte. Est-ce le cours au 1er janvier des actions du CAC 40, au 31 décembre, en milieu d'année. Est-ce la moyenne des cours de l'année des actions du CAC 40 ?

De même, le « rendement » évolue dans les mêmes proportions que l'évolution du cours de Bourse. Pour reprendre l'exemple d'une action qui verse un dividende brut annuel de 5 €, quand le cours de Bourse est à 100 €, le « rendement » est de 5% ». Si le cours de Bourse augmente à 110 €, le « rendement » baisse à 4,54%.

Autrement dit, le « rendement » évolue en sens inverse du cours de Bourse, et dans les mêmes proportions. Une augmentation du cours de Bourse de 10% entraînera une baisse du « rendement » de 10%.

2. Un autre point important à préciser : normalement, **le « rendement » est déterminé sur la base d'un montant de dividende connu**.

Or, seuls les dividendes passés étant connus, c'est sur le montant passé du dividende que le « rendement » est calculé. Par abus de langage, encore une fois, certains articles ou commentateurs/analystes présentent le rendement d'une action sur la base d'anticipation du montant des dividendes. Ainsi, vous pourrez lire des articles stipulant que, « sur la base d'une anticipation de dividende de Y euros, l'action présente un rendement de Z% ».

Il s'agit alors d'une anticipation qui ne correspond pas au « rendement » de l'action que vous pouvez lire sur les sites d'information boursière tels que Yahoo Finance, Google Finance, Boursorama. Ces sites vous présentent toujours les chiffres de « rendement » basés sur les montants de dividendes connus donc passés (selon le calendrier des dividendes de chaque société).

Le principal intérêt du calcul du « rendement brut » est de permettre la comparaison des actions entre elles, hors fiscalité et hors taux de change.

On peut ainsi, avec ce taux de « rendement » comparer des actions de nationalité différentes (par exemple entre des actions françaises et américaines).

Ainsi, pour prendre un exemple concret, si on compare le « rendement » de 2 sociétés pétrolières (qui font donc globalement le même métier et qui opèrent sur le même marché) comme Total ou British Petroleum, on remarque une différence de « rendement » importante : 5,4% pour l'action Total , alors que British Petroleum a un « rendement » plus élevé de 7,93%.

Cette différence de « rendement » montre que « le marché » juge le dividende de British Petroleum plus « risqué » que celui Total. C'est donc un élément à prendre en compte dans le choix des actions.

Dans ce cas, donc, le « rendement brut » de l'action nous permet donc de comparer concrètement et mesurer le profil, le « risque » d'actions entre elles.

A titre d'exemple, voici le rendement brut des actions du CAC 40 à la date du 7 Janvier 2016 sur la base des estimations de dividendes 2015 (Source : Boursorama).

Titre	Cours	Dividende 2015	Rendement
VIVENDI	19,06	2,00 €	10,5%
ENGIE (ex: GDF SUEZ)	15,44	1,00 €	6,5%
TOTAL	38,805	2,44 €	6,3%
CREDIT AGRICOLE SA	10,155	0,60 €	5,9%
SOCIETE GENERALE	39,935	2,14 €	5,4%
ARCELOR	3,49	0,18 €	5,2%
BNP PARIBAS	49,39	2,51 €	5,1%
TECHNIP	40,125	2,00 €	5,0%
AXA	23,69	1,11 €	4,7%
BOUYGUES	36,13	1,60 €	4,4%
KLEPIERRE	38,83	1,70 €	4,4%
UNIBAIL-RODAMCO	226,1	9,60 €	4,2%
SCHNEIDER ELECTRIC	49,48	1,92 €	3,9%
ORANGE (ex: FRANCE TELECOM)	15,495	0,60 €	3,9%
SANOFI	76,59	2,96 €	3,9%
SOLVAY	90,31	3,40 €	3,8%
LAFARGEHOLCIM N	42,96	1,50 €	3,5%
VEOLIA ENVIRONN.	21,22	0,73 €	3,4%
SAINT GOBAIN	36,455	1,24 €	3,4%
MICHELIN NOM.	81,64	2,77 €	3,4%
VINCI	57,05	1,80 €	3,2%
CARREFOUR	25,32	0,74 €	2,9%
KERING (Ex: PPR)	144,95	4,15 €	2,9%
RENAULT	85,47	2,40 €	2,8%
AIR LIQUIDE	96,57	2,70 €	2,8%
ACCOR	36,225	1,00 €	2,8%
PUBLICIS GROUPE	55,2	1,50 €	2,7%
DANONE	59,75	1,56 €	2,6%
LVMH MOET VUITTON	136,6	3,50 €	2,6%
SAFRAN	60,3	1,46 €	2,4%
NOKIA	6,62	0,16 €	2,4%
AIRBUS GROUP (Ex : EADS)	60,04	1,40 €	2,3%
LEGRAND SA	49,72	1,15 €	2,3%
L'OREAL	150,85	3,13 €	2,1%
VALEO	130,2	2,70 €	2,1%
PERNOD RICARD	99,98	1,80 €	1,8%
CAP GEMINI	81,32	1,30 €	1,6%
ESSILOR INTERNATIONAL	111,85	1,17 €	1,0%
ALSTOM	27,275	- €	0,0%
PEUGEOT	14,385	- €	0,0%

Le « rendement versé » et le « rendement net »

Le principal écueil du « rendement » ou « rendement brut » est qu'il ne correspond pas au « rendement » réel que vous allez recevoir.

Car, encore une fois, il ne prend pas en compte les prélèvements sociaux et fiscaux qui s'appliquent sur le dividende brut.

C'est pourquoi, personnellement, pour comparer les actions entre elles, je calcule toujours le « rendement » réel qui s'applique dans mon cas en calculant le « rendement versé » et le « rendement net » grâce à **mon logiciel boursier EZPORTFOLIO**[8].

Ces 2 notions prennent en compte la fiscalité qui s'applique à mes dividendes bruts.

Le « rendement versé » correspond au montant versé sur mon compte divisé par le cours de l'action.

Il dépend du compte utilisé :

- Dans un PEA, ce « rendement versé » correspond au « rendement brut ». Dans la mesure où, dans un PEA de plus de 5 ans, la fiscalité s'applique uniquement à la sortie des liquidités, le dividende brut ne subit aucune ponction fiscale au moment du versement et donc, le dividende versé correspond au dividende brut (en tout cas dans le cas d'un dividende d'action française). Nous aborderons ce point dans le chapitre sur la fiscalité des dividendes.

[8] Voir ici : https://revenusetdividendes.com/logiciel-suivi-portefeuille-bourse-ezportfolio/

• Dans un compte-titres, le « rendement versé » prend en compte les ponctions fiscales « à la source», c'est-à-dire au moment du versement du dividende. Ces ponctions fiscales sont directement prélevées par le courtier en ligne et incluent le prélèvement à la source (pour les actions étrangères), les prélèvements sociaux et, éventuellement (si vous y êtes assujetti) l'acompte d'impôt sur le revenu de 21%.

Le deuxième taux que je calcule est le « rendement » net.

Il correspond au rendement de mes actions en portefeuille après déduction de tous les impôts et taxes.

• Dans un PEA, ce « rendement net » prend en compte le montant des prélèvements sociaux déduits de mes revenus de dividendes en cas de retrait de liquidités de mon compte PEA.

• Dans un compte-titres, ce « rendement net » correspond au rendement de mes actions après déduction de l'impôt sur le revenu et, éventuellement (pour les actions étrangères), prise en compte du crédit d'impôt lié aux prélèvements à la source étrangers.

Le « rendement sur prix de revient »

Le « rendement sur prix de revient unitaire » ou « rendement sur PRU » est un autre taux de rendement dont vous entendrez peut-être parlé.

En anglais, il se traduit par « Yield on Cost » ou l'acronyme « YOC ».

Le « rendement sur prix de revient unitaire » est le rapport entre le montant du dividende brut annuel et le cours d'achat de l'action (et non plus le cours de Bourse de l'action).

Ainsi, toujours pour reprendre le même exemple, si vous avez acheté 80 € l'action qui côte aujourd'hui 100 € en Bourse et verse un dividende brut annuel de 5 €, votre « rendement sur prix de revient unitaire » est de 6,25% (= 5 €/80 €) alors que le « rendement brut » de l'action est de 5%.

Le « rendement d'un portefeuille boursier »

De la même manière que l'on peut calculer les différents « rendements » pour une action, on peut calculer les différents « rendements » d'un ensemble de valeurs boursières (portefeuille boursier).

Mais attention, dans le cas d'un portefeuille boursier, le calcul du « rendement sur prix de revient unitaire » se fera soit en fonction des actions en portefeuille au moment du calcul soit en fonction du montant total initial investi.

Ainsi, en prenant l'exemple de mon cas précis (désolé de tout ramener à moi, mais c'est pour mieux expliquer les choses !!) :

- Le « rendement sur prix de revient unitaire » de mon portefeuille en temps réel est de 7,6% sur la base des actions que j'ai actuellement en portefeuille.

- Mais, le « rendement sur prix de revient unitaire » de mon portefeuille est d'environ 10% sur la base du montant initial investi. En effet, le montant de mes dividendes versés est d'environ

30 000 €/an pour un capital initial de 300 000 € (voir mon portefeuille boursier).

C'est pourquoi, à la question de savoir quel est le « rendement » de mon portefeuille, 2 réponses sont possibles : 7,6% ou 10%. Avant de répondre à cette question, je dois toujours inviter mon interlocuteur à préciser sa question.

Ce que j'ai constaté d'ailleurs c'est que, dans son acceptation générale, le calcul du « rendement » d'un portefeuille est celui basé sur le montant initial investi.

Dans le cadre de mon suivi de portefeuille boursier, ces quatre taux de « rendement » sont calculés en temps réel dans **mon logiciel EZPORTFOLIO**[9]. Voici, à titre d'exemple, comment sont présentés les différents « rendements » dans le logiciel.

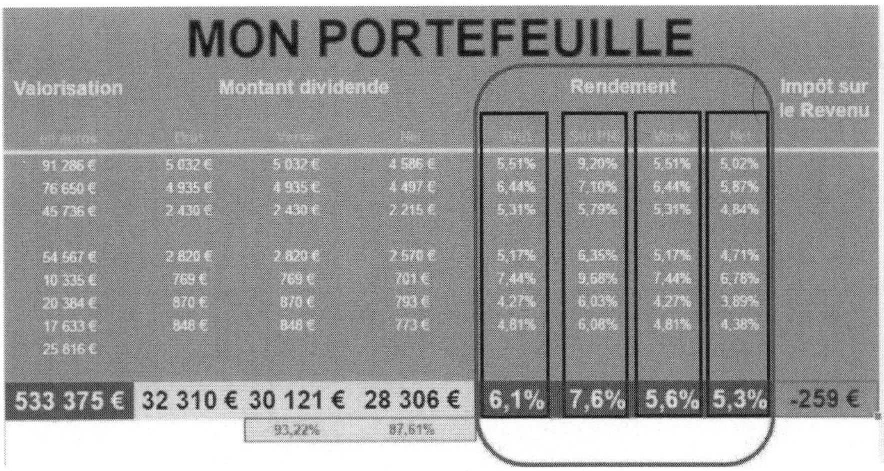

MON PORTEFEUILLE

Valorisation	Montant dividende			Rendement				Impôt sur le Revenu
en euros	Brut	Versé	Net	Brut	Sur PRU	Versé	Net	
91 286 €	5 032 €	5 032 €	4 586 €	5,51%	9,20%	5,51%	5,02%	
76 650 €	4 935 €	4 935 €	4 497 €	6,44%	7,10%	6,44%	5,87%	
45 736 €	2 430 €	2 430 €	2 215 €	5,31%	5,79%	5,31%	4,84%	
54 567 €	2 820 €	2 820 €	2 570 €	5,17%	6,35%	5,17%	4,71%	
10 335 €	769 €	769 €	701 €	7,44%	9,68%	7,44%	6,78%	
20 384 €	870 €	870 €	793 €	4,27%	6,03%	4,27%	3,89%	
17 633 €	848 €	848 €	773 €	4,81%	6,08%	4,81%	4,38%	
25 816 €								
533 375 €	32 310 €	30 121 €	28 306 €	6,1%	7,6%	5,6%	5,3%	-259 €
		93,22%	87,61%					

9 https://revenusetdividendes.com/logiciel-suivi-portefeuille-bourse-ezportfolio/

Comme vous pouvez le voir, les calculs sont effectués pour chaque action et pour mon portefeuille entier.

Après cette introduction explicative sur les dividendes, voyons maintenant pourquoi investir dans les dividendes.

Partie 2 : Pourquoi investir dans les actions à dividendes ?

"Le but principal d'une entreprise est de verser des dividendes régulièrement et, mieux encore, de les augmenter dans le temps"

("The prime purpose of a business corporation is to pay dividends regularly and, presumably, to increase the rate as time goes on.")

Benjamin Graham, Security Analysis, 1934

Partie 2 : Pourquoi investir dans les actions à dividendes ?

Dans cette partie, nous allons voir pourquoi investir dans les actions qui versent des dividendes est un des principaux facteurs de la performance des actions.

Comme vous allez le constater, investir dans les actions à dividendes est un gage de performance pour tout portefeuille d'actions en Bourse.

Mais avant de rentrer dans l'explication détaillée, un petit point de méthodologie s'avère indispensable concernant la notion de « performance ».

Le calcul de la performance des actions et le réinvestissement des dividendes

La « performance » est la mesure des gains (pertes)/plus-values (moins-values) générés par un investissement (boursier dans notre cas).

Contrairement à ce que beaucoup pensent, la performance d'une action (ou d'un portefeuille d'actions) ne se mesure pas seulement à la variation du cours de Bourse.

A cette performance, il convient d'y ajouter à la fois les dividendes versés mais aussi le réinvestissement de ces dividendes en actions.

Quand vous investissez en Bourse, vous recevez des dividendes (pour les sociétés qui en versent). Or, ces dividendes versés n'apparaissent pas dans le cours de Bourse.

Bien au contraire, puisque lorsque la société détache son dividende (selon les règles du calendrier des dividendes expliquées dans le chapitre précédent), le cours de Bourse de la société baisse du même montant (brut) du dividende versé.

D'une certaine manière, plus une société verse des dividendes (et donc plus vous gagnez de revenus), plus la valeur de votre investissement va baisser ! Mais, vous comprenez bien que cela n'est pas le cas car, dans le même temps, vous avez reçu des dividendes qui compensent la baisse du cours !

Un exemple étant plus parlant que de longs discours, prenons l'exemple d'une action X que vous achetez au prix de 100 € en début d'année, qui a versé 5 € de dividende la première année et dont le cours de Bourse atteint 110 € à la fin de l'année.

Le cours de Bourse a bien une performance de +10% (110/100) mais vous avez encaissé 5 € (hypothèse hors taxes/impôts, dans un PEA par exemple).

A la fin de l'année, votre portefeuille boursier (certes composé d'une action dans notre exemple) aura une valeur totale (une « valorisation ») de 110 € (cours de votre action) + 5 € (montant du dividende versé).

Dans ce cas, le calcul de la performance de votre portefeuille sera de : (110 + 5) /100 = 15%.

Vous voyez ainsi que, bien que le cours de Bourse de votre action ait augmenté de +10%, la « performance » de votre portefeuille est de +15% !

La différence est, comme vous le voyez, la prise en compte du versement du dividende…qui augmente significativement la « performance » de votre portefeuille.

Dans notre exemple, les dividendes représentent d'ailleurs 33% de la performance du portefeuille boursier (5/15).

Cette manière de mesurer la performance d'une action (ou d'un portefeuille d'actions) s'appelle la performance « Total Return » (en anglais) ou « Gross Return » (toujours en anglais). Elle est différente de la performance du cours de Bourse qui, elle, est appelée « Price Return ».

Cette mesure de la performance « Total Return » est celle qui est la plus pertinente dans la mesure où elle prend en compte la véritable création de valeur/richesse pour l'actionnaire qui résulte du versement du dividende (et du réinvestissement de celui-ci).

Pour être précis, cette performance est, en fait, calculée en prenant pour hypothèse que les dividendes sont réinvestis en actions (de la même société) au moment du détachement du dividende. C'est donc une performance que l'on nomme, en français cette fois, « dividendes réinvestis ».

Il convient de noter que les calculs sont réalisés sur des montants bruts (hors impôts, taxes et prélèvements divers) et hors frais de courtage de toute nature. En cela, il s'éloigne quelque peu de la réalité d'un investissement boursier réel.

Mais, cette manière de calculer est bien la seule pertinente pour comparer la performance de chaque action de manière égale. On compare ainsi la « création de valeur » plutôt que le seul cours de Bourse.

A ce stade, je voudrais faire 2 remarques complémentaires.

Premièrement, il en va de même pour le calcul de la performance d'un indice boursier comme d'une action ou d'un portefeuille d'action.

Et, à cet égard, il convient de noter que les indices boursiers ne sont pas tous égaux concernant ce calcul de la performance. Il convient d'en prendre conscience lorsqu'on les compare et que l'on veut en tirer des conclusions pour investir. Cette connaissance est très peu répandue, en particulier parmi les commentateurs et/ou analystes qui ont ainsi une fâcheuse tendance à comparer des « choux et des carottes » ou, autrement dit, à comparer des indices qui ne sont justement pas comparables.

Ainsi, sachez que la plupart des indices boursiers mesurent la performance des actions dividendes non réinvestis :

- L'indice du marché parisien (le CAC 40) est un indice « price return », donc dividendes non réinvestis.
- L'indice du marché allemand (le DAX) est un indice « total return », donc dividendes réinvestis.
- L'indice du marché anglais (le FTSE) est un indice « price return », donc dividendes non réinvestis.

- L'indice du marché américain (S&P 500) est un indice « price return », donc dividendes non réinvestis.
- L'indice du marché américain (Dow Jones) est un indice « price return », donc dividendes non réinvestis.

Ainsi, toute comparaison de la performance des indices boursiers devrait s'appuyer sur une analyse « total return ». Ces indices existent d'ailleurs et ils constituent, à mon sens, les indices de référence à prendre en compte.

Vous allez ainsi parfois entendre dire que le "marché allemand est plus performant que le marché français". Cette analyse se fonde sur la comparaison entre le CAC 40 et le DAX.

Or, il faut savoir que le DAX est un indice dividendes réinvestis (indice "total return" ou "gross return") alors que le CAC 40 est calculé sans ces dividendes réinvestis (indice "price return")..

Dire ainsi que le DAX est plus performant que le CAC 40 est totalement FAUX ! Car si on compare des choses comparables (le DAX et le CAC 40 GR), la réalité est inverse !

Ainsi, alors que les 2 indices ont été créés à peu près à la même date (1988) et avec une même valeur de départ (1 000 points d'indice), le DAX est à 12 440 points contre 13 000 points contre le CAC 40 GR (en avril 2017).

Deuxièmement, la prise en compte du versement des dividendes explique pourquoi le CAC 40 ne reflète pas la réalité d'un investissement boursier dans le CAC 40 ! J'en ai parlé plus en détail dans cet article : « On vous ment sur le CAC 40[10] ».

---

[10] Voir : https://revenusetdividendes.com/performance-bourse-10-fois-mieux-cac-40-en-2016/

Il faut savoir que l'indice qui mesure la performance des actions composant le CAC 40 – dividendes réinvestis – s'appelle le CAC 40 GR (pour “Gross Return”).

Quand on compare la performance du CAC 40 et celle avec les dividendes réinvestis (CAC 40 GR) la différence est juste IMPRESSIONNANTE !

Alors que les 2 indices ont été créés au même moment (fin 1987) et avec le même niveau de départ (1 000 points), on s'aperçoit (chiffres à avril 2017) que le CAC 40 GR a une performance 2,5 fois supérieure au CAC 40 (13 000 points versus 5 200 points) !

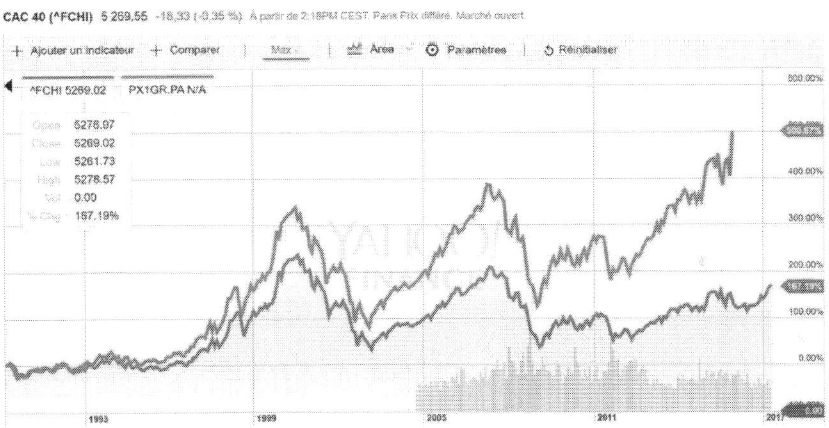

Ainsi, si, au 1er Janvier 1988, vous aviez investi dans le CAC 40 (et que vous aviez réinvestis les dividendes reçus), vous auriez multiplié votre capital par 13 !!

Notons aussi que, le CAC 40 GR est, en avril 2017 à son plus haut niveau historique !! Et personne ne vous le dit !

Parce que les médias ne parlent que du CAC 40 et jamais de la réalité de l'investissement dans les dividendes mesuré par le CAC 40 GR !

Cet exercice de pédagogie concernant la mesure de la performance des actions étant faite, vous pourrez comprendre (facilement ?) les chiffres suivants.

Les dividendes, l'un des principaux moteurs de la performance des actions

Car la réalité des chiffres est sans appel : les dividendes constituent un des principaux moteurs de la performance des actions.

Sur le long terme, c'est même le principal moteur de la performance des actions.

Plusieurs études l'ont montré et mesuré (la plupart provenant des Etats-Unis).

Nous pouvons citer cette étude de Guinness Atkinson[11] (pour le marché américain) qui me semble particulièrement claire.

Le graphique ci-dessous est tiré de cette étude. Il présente la comparaison de la performance de l'indice S&P 500 américain « nu » (ou « price return ») et « dividendes réinvestis » de 1940 à 2011 (l'échelle logarithmique a été utilisé tellement la différence est importante !).

[11] Consultable ici : http://bit.ly/2xkJWzn

Figure 2: S&P500 price and total returns[2] (December 31, 1940 to December 31, 2011)
Source: Bloomberg, Guinness Atkinson Asset Management

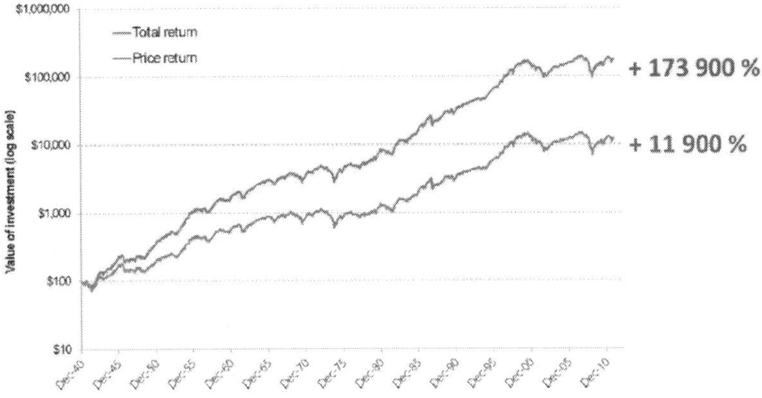

Ainsi, 100 $ investi en 1940 dans l'indice S&P 500 « nu » (« price return » dans le graphique) vaudrait aujourd'hui 12 000 $ (non ajusté de l'inflation) contre 174 000 $ investi dans l'indice S&P 500 « dividendes réinvestis » (« Total return »).

Ainsi, aux USA (indice S&P 500), **les dividendes représentent entre 25% et 75% (selon les décennies) de la performance des actions depuis 1940, avec une moyenne de 52,7%.**

Figure 4: S&P500 returns for individual decades since 1940
Source: Bloomberg, Guinness Atkinson Asset Management

	Total return	Price appreciation	Dividends	Dividends as % of total return
1940s	143.1%	34.8%	108.3%	75.7%
1950s	467.4%	256.7%	210.7%	45.1%
1960s	109.5%	53.7%	55.8%	51.0%
1970s	76.9%	17.2%	59.7%	77.6%
1980s	389.2%	227.4%	161.8%	41.6%
1990s	432.2%	315.7%	107.5%	25.4%
2000s	-9.1%	-24.1%	15.0%	*Not meaningful*
Average	*228.6%*	*125.9%*	*102.7%*	*52.7%*

Cette étude montre que, plus l'horizon de temps est long, plus la part des dividendes est importante dans la performance des actions. Le tableau ci-dessous présente la part moyenne de la performance des actions américaines sur différents horizons de temps (de 1 à 20 ans) et sur la période 1940-2011.

Figure 3: Proportion of S&P500 total returns due to price and dividends analyzed over different moving average periods, i.e. the average over a given period of time, from December 31, 1940 to December 31, 2011.
Source: Bloomberg, Guinness Atkinson Asset Management

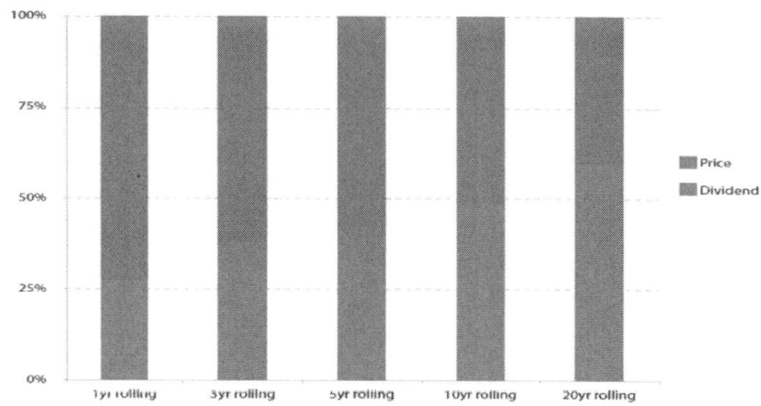

Beaucoup d'autres études américaines (comme celle-là[12] ou celle-là[13]) ou françaises (comme cette étude de la Société Générale[14]) sont arrivées aux mêmes conclusions. Fin 2011, les analystes quantitatifs de Société Générale avaient publié une étude ("The Global Income Investor", 10 octobre 2011) montrant que le dividende apporte la principale contribution au rendement total des actions – une réalité quelle que soit la zone géographique considérée.

---

[12] http://bit.ly/2wIStKp

[13] http://ig-legacy.ft.com/content/d750723a-c122-11e1-853f-00144feabdc0#axzz4AVnuko48

[14] http://www.morningstar.fr/fr/news/133425/quest-ce-quun-dividende-.aspx

L'observation est identique pour le marché européen.

Comme le note une étude d'Allianz Global Investors de Mars 2015[15], *« sur une période glissante de 5 ans, les dividendes ont régulièrement contribué positivement à la performance de l'indice MSCI Europe depuis 1970. Les dividendes ont représenté environ 39% de la performance totale annualisée des investissements en actions au sein de l'indice MSCI Europe sur l'ensemble de la période.»*

Graphique n°3a : Les dividendes, un facteur de stabilisation des portefeuilles
Contribution à la performance des dividendes et du prix des actions de l'indice MSCI Europe depuis 1970 sur des périodes de cinq ans (en % par an)

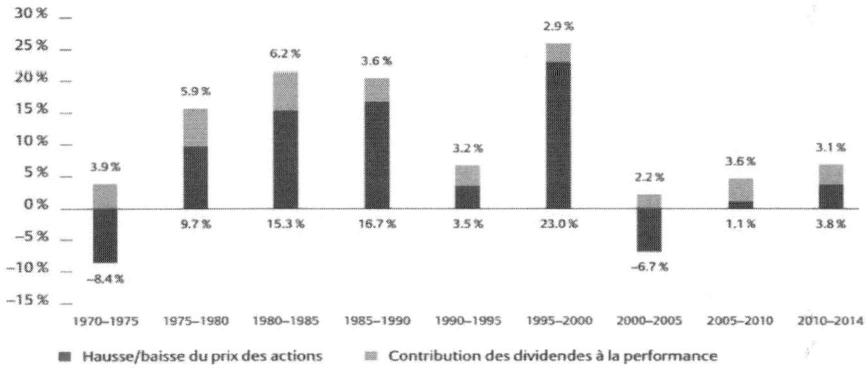

La performance passée ne saurait garantir la performance future.
Source : Datastream, Allianz GI Capital Markets & Thematic Research, au 31/12/2014

En France, le constat est encore une fois identique.

On peut citer une étude Euronext qui montre que, en France, sur 20 ans (1995-2015), les dividendes ont représenté 44% de la performance des actions du CAC 40 (source Euronext à fin 2015). Sans les dividendes, la performance aurait même été négative sur 10 ans (chiffres à fin 2015).

15 http://bit.ly/2fbi7AU

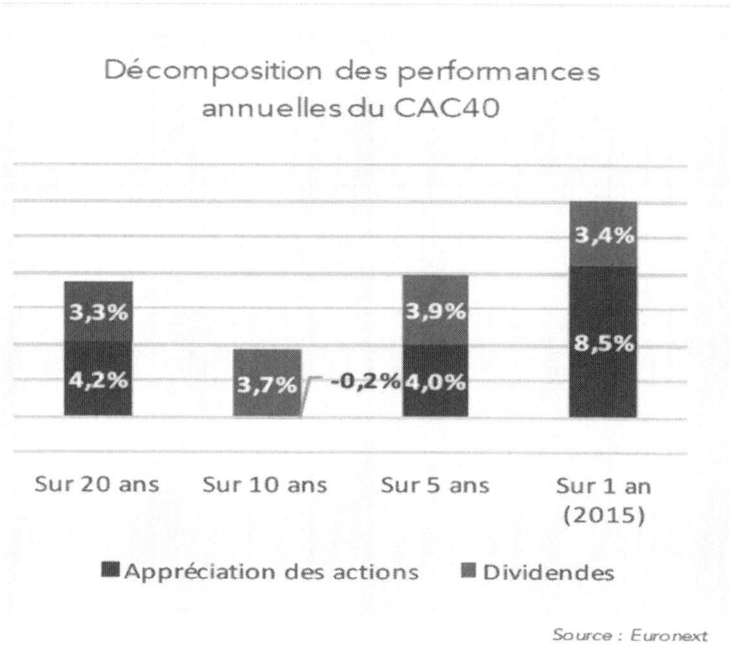

De même, selon une étude AMF[16] (Autorité des Marchés Financiers), « *le réinvestissement des dividendes source de plus de la moitié du rendement des actions De 1988 à 2013, les montants investis en actions françaises ont été multipliés par plus de 5. Cette progression correspond à un rendement annuel réel moyen de 6,6%. Sans réinvestissement des dividendes, le rendement a été 2 fois moindre. Le capital de départ n'a été multiplié que par 2,5, soit un rendement réel moyen de 2,6% par an.*»

Cette étude montre par ailleurs de manière percutante que, sur la période 1998-2013, les actions (dividendes réinvestis) affichent une performance supérieure à tous les autres placements financiers.

[16] http://bit.ly/2w8vB7z

Graphique 2 : Performances réelles comparées des principaux actifs financiers de 1988 à juin 2013 en France

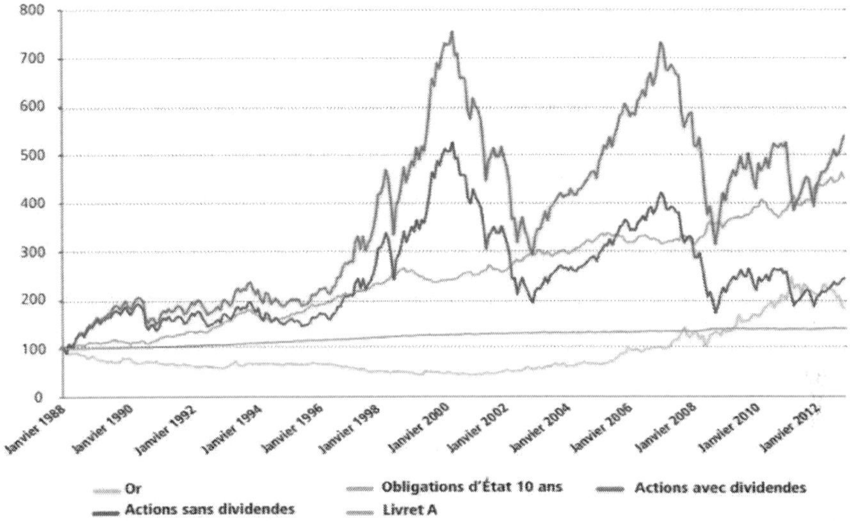

La conclusion de ces études montre donc clairement qu'investir (et réinvestir) dans les dividendes est un facteur clé de succès pour tout investissement boursier.

On peut dire, d'une manière globale, que **les dividendes (et le réinvestissement des dividendes) représentent entre 40% et 50% de la performance totale annualisée des investissements en actions** (selon les pays et les périodes).

Pas encore convaincu(e) ? Lisez la suite...

Les dividendes contribuent à renforcer la stabilité des portefeuilles

Non seulement les dividendes constituent un facteur prépondérant dans la performance des actions, mais, en plus, les actions à dividendes constituent un facteur de stabilité pour un portefeuille boursier, particulièrement en cas de baisse des marchés.

Ainsi, historiquement, lors des chutes notables des marchés, le choc a été plus contenu pour les actions offrant un rendement du dividende attrayant (le dividende constituant un « coussin de sécurité »). Concrètement cela signifie que, si le marché des actions chute fortement, les actions à dividendes chuteront en moyenne bien moins que le marché.

D'après cette étude[17] (mais celle-ci[18] contient aussi des chiffres sur le sujet), dans les périodes de baisse des marchés, les actions qui ne versent pas de dividendes baissent de -28,14% en moyenne contre -16,63 % à -20,24% pour les actions à dividendes (sur le marché américain).

Cette « stabilité » est mesurée par un indicateur qu'on appelle la « volatilité ». Je ne rentrerai pas ici dans le détail de cet indicateur car cela deviendrait trop technique/mathématique sans apporter grand-chose à la démonstration, mais sachez qu'il est la mesure mathématique des variations de cours.

On peut ainsi constater que les sociétés qui paient des dividendes ont des fluctuations des cours de Bourse qui sont plus réduites que les actions qui n'en paient pas.

---

[17] http://bit.ly/2xhqBBd

[18] http://bit.ly/2fluuOS

De 1927 à 2014 (aux Etats-Unis), la volatilité des actions a ainsi été largement plus faible pour les actions à dividendes (18,3%) comparée à 30,1% pour les actions ne versant pas de dividendes (près de 2 fois plus !). Vous pouvez aussi consulter cette étude[19] pour d'autres chiffres sur le sujet (sur une autre période de temps, mais toujours sur le marché américain).

De même, selon l'étude d'Allianz Global Investors de Mars 2015[20], « *Les actions qui présentent un potentiel attrayant et versent des dividendes élevés n'offrent pas seulement un complément de performance, elles renforcent également la stabilité d'un portefeuille.*

Nous disposons d'un historique de données plus long pour les États-Unis. Ces analyses montrent que la volatilité (mesurée en termes d'écart type sur 36 mois glissants) des actions américaines est en réelle baisse depuis 1972 pour les entreprises qui versent des dividendes par rapport à celles qui n'ont pas redistribué leurs profits (cf. graphique).

Une tendance identique est également visible pour les valeurs de rendement européennes depuis les années 1990 »

La raison est simple : le versement des dividendes fluctue beaucoup moins que les bénéfices des sociétés. Comme le montre cette étude, « *il ressort d'une étude comparative des dividendes et des bénéfices des sociétés du S&P 500 depuis 1900 que les bénéfices des entreprises ont affiché une volatilité largement supérieure à celle des dividendes.*

---

[19] http://bit.ly/2hlshjg
[20] http://bit.ly/2jMfj2E

Sur les 13 dernières années plus particulièrement, la volatilité des bénéfices était de presque 60% sur une base annualisée, soit un degré de volatilité nettement plus important que la volatilité de 6% constatée chaque année pour les dividendes. »

Graphique n°9 : « La faible volatilité des versements de dividendes »
Volatilité des bénéfices et dividendes des entreprises, S&P 500, de 1900 à mi-2014 (en % par an)

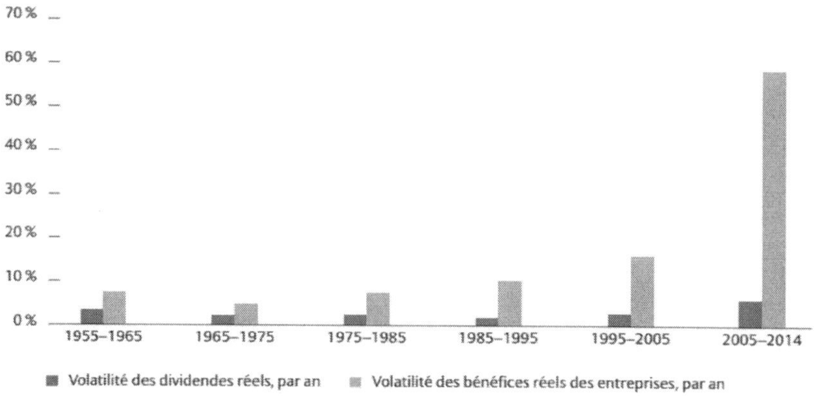

Nous reviendrons sur ce point dans le prochain chapitre, mais il est particulièrement important de noter, à ce stade, que les dividendes « varient » beaucoup moins que les bénéfices des entreprises.

Autrement dit, <u>d'une certaine manière et dans une certaine proportion</u>, le montant de dividendes versés ne dépend pas (ou peu) du résultat des entreprises. En tout cas, pour les meilleures sociétés à dividendes, comme nous allons le voir plus loin.

Au final, le versement des dividendes a un double intérêt :

1. **Psychologique**, dans la mesure où l'aversion à la perte (un concept théorisé par Kahneman et Tversky) est au cœur de la finance comportementale. Ces chercheurs ont démontré que les

investisseurs sont beaucoup plus sensibles à une perte qu'à un gain d'un montant équivalent. Tout ce qui peut concourir à limiter les pertes en cas de baisse est un facteur déterminant dans le succès de stratégie d'investissement, a fortiori pour les « non experts ».

2. **Pratique**, dans la mesure où le fait de recevoir des dividendes permet de « limiter » la baisse des actions grâce au versement des dividendes sur le compte de l'investisseur. La baisse des cours étant, dans ce cas, une opportunité de réinvestissement des dividendes en profitant d'un rendement plus élevé (pour peu que les dividendes soient pérennes).

Au-delà de ces données générales (mais qui montrent l'intérêt des dividendes en Bourse), voyons maintenant concrètement quelles sont les meilleures actions à dividendes qui vous permettront à la fois de générer des plus-values et des revenus.

Partie 3 : Investir dans les dividendes pour augmenter son capital

« N'achetez que ce que vous seriez parfaitement heureux de conserver si le marché fermait pendant 10 ans. »

("Only buy something that you'd be perfectly happy to hold if the market shut down for 10 years")

Warren Buffet

Partie 3 : Investir dans les dividendes pour augmenter son capital

L'objectif de cette partie est de montrer comment l'investissement dans les meilleures actions à dividendes va vous permettre d'augmenter votre capital de départ.

Nous allons plus précisément voir où et comment trouver les meilleures actions à dividendes dans cette optique de valorisation de votre portefeuille boursier.

Dans cette partie, nous allons voir comment « gagner en Bourse » en générant des plus-values. C'est-à-dire comment identifier les actions qui, sur le long terme, ont les meilleures performances boursières.

Attention, les informations fournies ici s'appuient sur les résultats passés et ne préjugent pas des performances futures. Mais, comme nous le verrons par la suite, les qualités intrinsèques des meilleures actions à dividendes leur permettent d'obtenir des performances supérieures à la moyenne (au marché).

Précisons enfin, avant de rentrer dans le vif du sujet, que les performances détaillées ici sont fournies « dividendes réinvestis » (voir partie 2).

Les actions à dividendes surperforment les autres actions

Nous avons vu dans le chapitre précédent que les dividendes (et le réinvestissement des dividendes) constituaient le principal moteur de la performance des actions.

Or, les études présentées étaient réalisées sur un large panier d'actions, en général constitué des indices boursiers des pays concernés (CAC 40, S&P 500, etc…). Et il faut bien comprendre que ces indices sont constitués à la fois d'actions qui versent des dividendes et d'actions qui ne versent pas de dividendes.

Si on étudie la performance des actions en fonction de leur versement (ou non) des dividendes, on s'aperçoit très clairement que les actions qui versent des dividendes ont une meilleure performance que celles qui n'en versent pas (sur le long terme).

Cette constatation est, finalement, la suite logique et évidente des études précédentes.

Et la différence est juste ENORME !

Encore une fois, c'est sur le marché américain que les analyses sont les plus nombreuses et abouties. L'étude qui fait référence sur le sujet est l'étude de la société « Ned Davis Research ».

Selon cette étude (portant sur les actions américaines du S&P 500 de 1972 à 2013), **les actions qui versent des dividendes** (« all dividend paying stocks ») **ont une performance plus de 40 fois supérieure à celles ne versant pas de dividendes !**

41,72 fois supérieure exactement, soit + 4 072% !

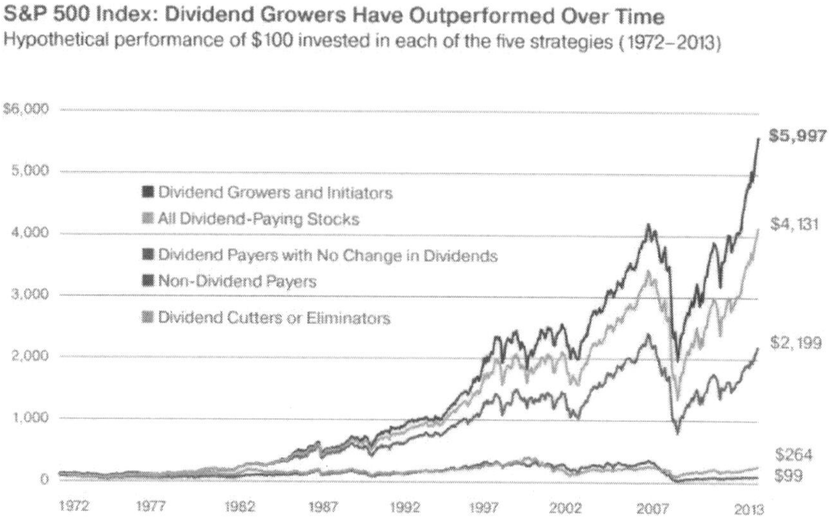

Selon cette étude, la performance moyenne annuelle sur la période (1972 – 2013) a été de 9,3% pour les actions à dividendes contre seulement 2,3% pour les actions ne payant pas de dividendes (résultats hors inflation) !

Attention, néanmoins. Ne vous ruez pas sur n'importe quelle action à dividende en espérant que la performance sera au rendez-vous !

Il faut bien noter que :

- Ces chiffres sont des moyennes sur un grand nombre d'actions (voir plus loin). Cela ne signifie pas que telle ou telle action qui ne verse pas de dividendes soit, a priori, un mauvais placement ou qu'elle performe moins bien que n'importe quelle action à dividende. Ni que n'importe quelle action qui verse des dividendes soit un bon investissement, comme nous allons le voir.

• Ces chiffres sont valables sur une longue période et pas forcément sur n'importe quelle période considérée.

• Ces chiffres sont observés sur le marché américain (S&P 500). Cela ne veut pas dire que ce ne soit pas valable en France ou en Europe, bien au contraire. Mais, s'il n'y a pas eu d'étude aussi claire sur les autres marchés, c'est en raison à la fois d'une antériorité des indices boursiers plus faible que les indices américains (n'oublions pas que la création du CAC 40 date de 1987 seulement) qui ne permet pas de faire d'étude sur une période aussi longue ; et que les entreprises distribuant des dividendes de manière régulière sont à la fois moins nombreuses dans les autres pays qu'aux Etats-Unis, rendant ainsi les études et statistiques moins fiables.

Parmi les actions à dividendes, la sélectivité s'impose pour choisir et trouver les meilleures.

Car, une étude plus approfondie montre que 2 critères clés permettent d'expliquer la surperformance des actions à dividendes.

La régularité et la croissance du dividende, clés de la performance des actions à dividendes

Encore une fois, l'étude qui fait référence est l'étude de la société « Ned Davis Research ». L'étude a analysé et classé les actions qui versent des dividendes (sur la période considérée) en 3 catégories :

• Celles qui versent un dividende régulier (c'est-à-dire sans discontinuité ou sans interruption pendant la période – oui, ça existe !) sans le diminuer aucune fois ou l'augmenter (appelées « Dividend payers with no change in dividends »).

- Celles qui versent un dividende mais qui ont été amenées à la baisser ou le supprimer (appelées « Dividend cutters and eliminators »).

- Celles qui versent un dividende sans discontinuer et qui l'augmentent chaque année (appelées « Dividend Growers and initiators »).

La performance des « actions à dividendes » est la moyenne (pondérée) de ces 3 types d'actions.

Les résultats sont clairs :

- Les actions qui versent un dividende mais qui ont été amenées à la baisser ou le supprimer (« Dividend cutters and eliminators ») ont une performance moyenne de « seulement » 2,6 supérieure aux actions qui ne versent pas de dividendes.

- Les actions qui versent un dividende régulier sans le diminuer aucune fois ou l'augmenter (les « Dividend payers with no change in dividends ») ont une performance 22,2 fois supérieure aux actions qui ne versent pas de dividendes.

- Les actions qui versent un dividende sans discontinuer et qui l'augmentent chaque année (les « Dividend Growers and initiators ») ont une performance 60,5 fois supérieure aux actions qui ne versent pas de dividendes !

La performance des « Dividend Growers and initiators » dépasse même la barre des 10% de performance par an en moyenne.

Returns of S&P 500 by Dividend Policy
$10,000 Invested in 1972

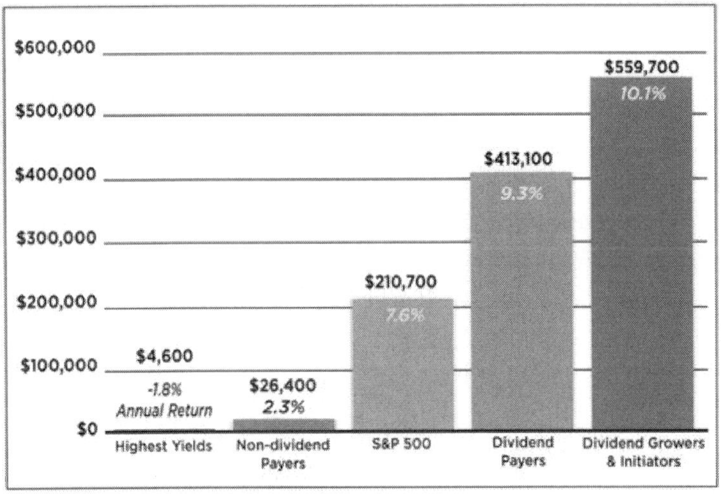

Source: Ned Davis Research, 12/31/1971–12/31/2013. Uses indicated annual dividends on a rolling 12-month basis. Highest yields = Top 20%. Past performance is not a guarantee of future results. The S&P 500 is an unmanaged index and is not meant to depict an actual investment. Does not include transaction costs or taxes. Dividends can be increased, decreased or eliminated at any point without notice. Further distribution prohibited without prior permission. Copyright © 2013 Ned Davis Research, Inc. All rights reserved.

Pour ceux qui ne comprendraient pas l'importance d'une telle performance annuelle, rappelons ici qu'un investissement à 7,18 % de performance par an correspond à un doublement du capital en seulement 10 ans. Un taux de 10% correspond à un doublement du capital en (un peu plus) de 7 ans seulement !

Avant d'aller plus loin et de voir où trouver ces meilleures actions à dividendes, je voudrais m'arrêter sur un point particulièrement important.

Car, ce qu'il faut noter ici, c'est que le critère le plus important qui caractérise les meilleures actions à dividendes (en termes de performance boursière), c'est la régularité et surtout la croissance du dividende.

Et non, le rendement !

Par expérience (d'après les nombreuses questions que je reçois sur RevenusEtDividendes.com), la priorité de la plupart des personnes qui souhaitent investir dans les dividendes est de trouver des actions à « haut rendement ».

Outre le fait que cette notion de « haut rendement » soit totalement subjectif, je voudrais insister ici sur le fait que l'étude citée plus haut montre que le niveau de rendement d'une action n'est pas le critère le plus pertinent pour juger de la performance d'une action (en terme de valorisation, de plus-values potentielle) sur le long terme.

Bien au contraire.

L'étude ci-dessus montre que les actions à « plus fort rendement » (« highest yield ») ont une performance négative (-1,8%/an) sur la période considérée (contre + 7,6%/an pour le S&P 500).

Même si d'autres études ont pu atténuer cette vision (on s'aperçoit, en fait, que cela dépend de la définition utilisée pour mesurer un « haut rendement »), il convient de bien comprendre que le taux de rendement n'est pas pertinent pour choisir les meilleures actions à dividendes dans une perspective de plus-values.

Notons aussi que ces résultats montrent que, au final, et sur le long terme, le prix d'achat des actions a peu d'importance.

La performance des actions étant majoritairement impacté par le versement des dividendes, la performance boursière de l'action est peu influencée, à long terme, par la différence entre le prix d'achat et de vente des actions.

Autrement dit, pour un investisseur de long terme, et dans le cadre d'une phase d'épargne caractérisée par un réinvestissement des dividendes, il est plus important de se focaliser sur la pérennité et la croissance des dividendes que sur le prix des actions !

C'est aujourd'hui exactement ma démarche. C'est pourquoi, dans mes analyses et mes choix d'actions à dividendes, je me concentre sur le dividende bien plus que sur le « juste prix » des actions ou la question de savoir "quand acheter une action".

Une fois ce constat établi sur les meilleures actions à dividendes, la question qui se pose est alors de savoir où et comment trouver ces actions à dividendes qui augmentent leurs dividendes régulièrement.

Et bien sachez que ces actions ont un nom et qu'elles constituent même une « classe d'actifs » à part entière (un indice, des fonds et trackers existent sur cette classe d'actifs) très prisée des investisseurs (surtout américains) !

Les « Dividend Aristocrats » américains

Comme vu précédemment, l'objectif est bien de sélectionner et trouver des entreprises qui augmentent chaque année leurs versements de dividendes.

J'entends déjà le scepticisme de certains : comment est-il possible qu'une entreprise augmente chaque année ses dividendes ? Ce type d'entreprises existe-t-il ?

Et bien oui !

Et elles ont un nom : les plus connues sont les "**Dividendes Aristocrates**" ("**Dividends Aristocrats**" en anglais).

Cette liste a été créé et « inventé » à l'origine pour les sociétés américaines les plus importantes qui ont deux caractéristiques :

- appartenir à l'indice S&P 500
- et avoir augmenté leurs dividendes chaque année depuis au moins 25 ans.

Les "Dividends Aristocrats" est donc une liste (et aussi un indice) créé et géré par Standard & Poors (S&P).

Sa composition est fluctuante et dépend de la pérennité de la croissance du dividende des sociétés.

Si on en comptait 42 en 2010, 50 en 2012, la liste comportait 52 sociétés en novembre 2015 et 50 au premier trimestre 2016, comme le montre le graphique ci-dessous :

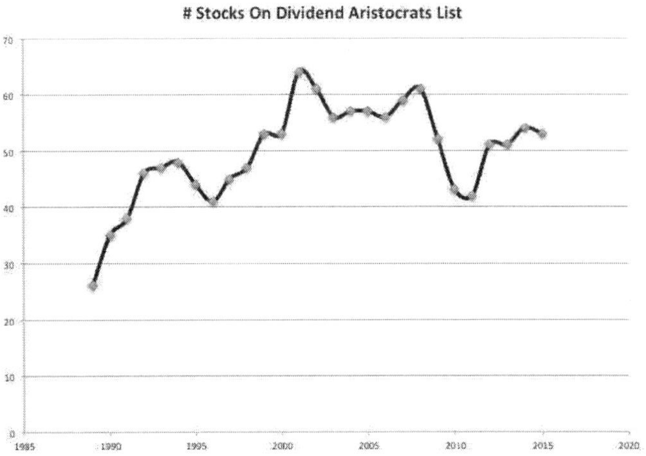

Parmi ces sociétés, vous retrouvez des sociétés que vous connaissez certainement en tant que consommateur : Mac Donald's, Colgate-Palmolive, Procter & Gamble, Esso, etc…

La répartition sectorielle de ces actions est la suivante :

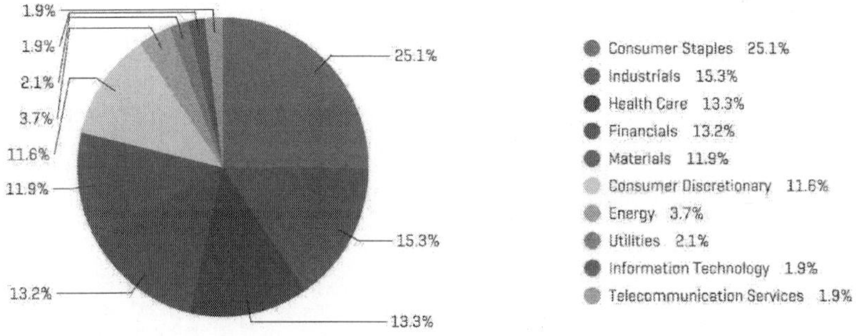

Voici, à titre indicatif, la liste des « Dividendes Aristocrates » américaines à fin 2015 :

Société	Nombre d'années de croissance du dividende	Taux de croissance du dividende (sur 10 ans)
Dover Corp	59	11,77%
Emerson Electric Co	58	8,10%
Procter & Gamble	58	9,99%
Genuine Parts Company	58	6,77%
3M Co	56	9,00%
VF Corp	55	15,48%
Cincinnati Financial	54	5,70%
The Coca-Cola Co	52	9,33%
Johnson & Johnson	52	9,69%
Lowe's Companies	52	27,90%
Illinois Tool Works	51	13,31%
Colgate-Palmolive	51	11,46%
Chubb Corp	49	9,75%
Hormel Foods	48	13,52%
Target Corporation	47	20,27%
Stanley Black & Decker	47	6,57%
SYSCO	44	8,35%
Leggett & Platt	43	7,82%
W W Grainger	43	18,18%
Becton Dickinson and Co	43	14,05%
C R Bard	43	6,23%
AbbVie	42	12,20%
Kimberly Clark	42	8,23%
PepsiCo	42	12,50%
Abbott Laboratories	42	12,20%
PPG Industries	42	3,88%
Nucor Corporation	41	20,20%
McGraw Hill Financial	41	7,18%
Consolidated Edison	40	1,09%
Wal-Mart Stores	40	14,81%
Automatic Data Processing	40	13,17%
Cardinal Health	40	27,40%
Archer Daniels Midland	39	12,33%
Walgreens Boots Alliance	39	21,17%
Sigma-Aldrich Corporation	39	17,00%
McDonald's Corporation	38	19,55%
Pacific Niugini Limited	38	9,85%
Clorox Co	37	10,38%
Medtronic PLC	37	14,11%
Sherwin-Williams	36	12,46%
Franklin Resources	33	15,53%
Exxon Mobil	32	9,80%
AFLAC Incorporated	32	14,56%
Air Products & Chemicals	32	11,25%
Cintas Corporation	32	11,35%
AT&T Inc	30	3,94%
Brown-Forman	30	10,04%
HCP	29	2,70%
Chevron	29	10,65%
Ecolab	29	14,20%
T. Rowe Price Group	28	16,57%
McCormick & Company	28	10,21%
Moyenne	42	12,00%

Pour info, je publie en accès libre et mets à jour régulièrement **la liste des «Dividend Aristocrats » américains** sur RevenusEtDividendes.com[21].

Ces sociétés composant les « Dividend Aristocrats » ont des caractéristiques impressionnantes concernant le versement des dividendes (chiffres 2016) :

- En moyenne, ces sociétés ont augmenté leurs dividendes chaque année depuis 42 ans, certaines depuis plus de 50 ans !

- En moyenne, sur les dix dernières années, le taux de croissance moyen annuel d'augmentation des dividendes est de 12%, certaines même avec des taux bien plus élevés (près de 20% pour Mac Donald's, par exemple).

La contrepartie de cette qualité est que ces actions sont particulièrement recherchées. Le rendement moyen qu'elles servent est, en effet, moyen : 2,54% (brut).

Les disparités sont néanmoins importantes entre elles puisque le rendement varie entre 0,5% et 7,1%. On trouve même 4 sociétés avec un rendement supérieur à 4%.

Notons quand même que le rendement moyen est supérieur au rendement moyen des actions américaines (1,9% sur les S&P 500).

Arrêtons-nous ici pour faire 2 remarques :

---

[21] Ici : https://revenusetdividendes.com/la-liste-des-dividend-aristocrats-americaines

- Tout d'abord, quand une société (comme celles faisant partie des « Dividend Aristocrats ») augmente son dividende chaque année depuis 42 ans, vous comprenez bien que cela est avant tout un choix/une décision du management de la société. Je dirais plus qu'il s'agit d'une « règle de gestion », d'un « objectif d'entreprise » (parmi d'autres).

- Car, durant cette période de 42 ans, les résultats de la société n'ont clairement pas été chaque année en croissance. Ainsi, ces exemples de sociétés montrent bien que le montant du dividende ne dépend pas (de manière absolu et automatique) du montant des résultats d'une société. Il existe bel et bien des sociétés qui versent un dividende en augmentation indépendamment de l'évolution de leurs résultats.

Voyons maintenant la performance des « Dividend Aristocrats ».

Et comme attendu, on constate clairement ce qu'on avait déjà observé précédemment sur les actions à dividendes croissants, à savoir que, depuis la création de l'indice des « Dividend Aristocrats » par Standard & Poors en 1989, la performance des « Dividend Aristocrats » est bien supérieure à celle des autres actions (mesurées par l'indice S&P 500 et dividendes réinvestis).

Cette surperformance des « Dividend Aristocrats » s'observe sur tous les horizons de temps, avec des différences plus ou moins grandes selon les périodes.

Sur une période de 15 ans (2000-2015), la performance est de 3,15 fois supérieure, soit + 215%[22].

---

[22] Source : http://on.mktw.net/1T0ttUa

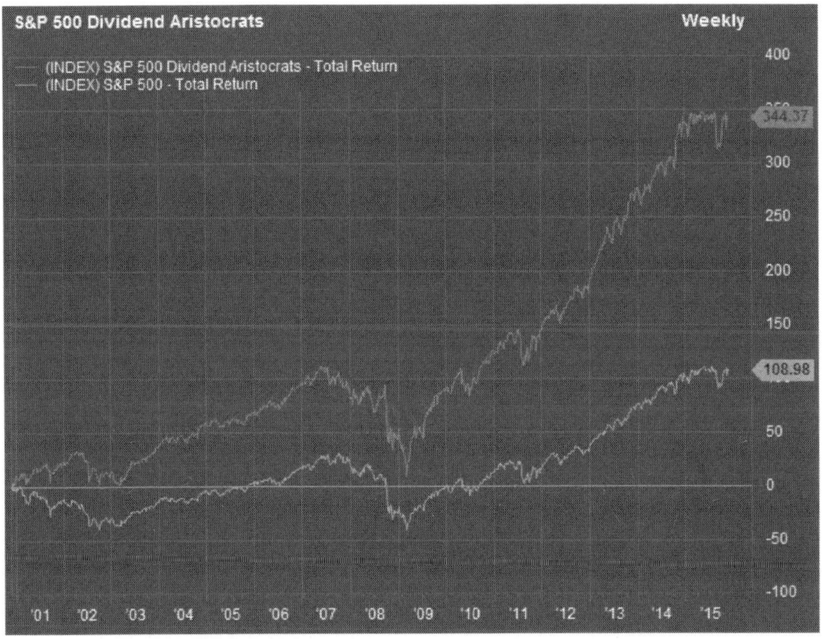

Sur une période de 10 ans (2005-2015), la différence est de + 60%.

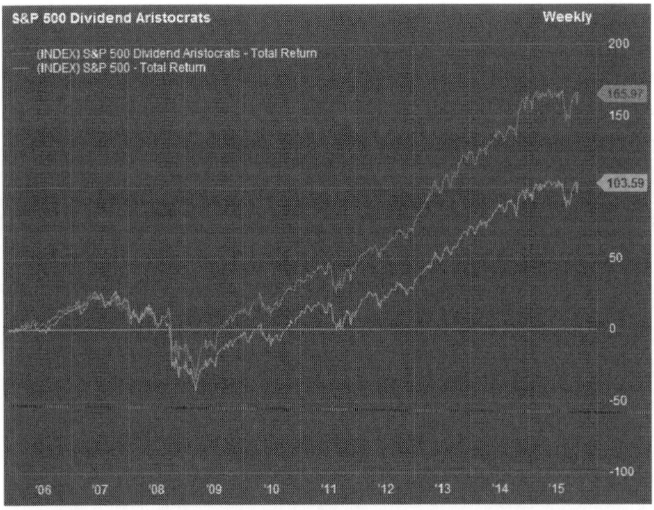

On constate que c'est dans les périodes de forte baisse des actions que les « Dividend Aristocrats » résistent mieux (2000-2001 et 2008-2009), comme le montre le détail année par année ci-dessous[23].

Annual Returns of S&P 500 vs. S&P 500 Dividend Aristocrats		
Year	Dividend Aristocrats	S&P 500
1994	0.9%	1.3%
1995	34.6%	37.6%
1996	20.9%	23.0%
1997	35.5%	33.4%
1998	16.8%	28.6%
1999	-5.4%	21.0%
2000	10.1%	-9.1%
2001	10.8%	-11.9%
2002	-9.9%	-22.1%
2003	25.4%	28.7%
2004	15.5%	10.9%
2005	3.7%	4.9%
2006	17.3%	15.8%
2007	-2.1%	5.5%
2008	-21.9%	-37.0%
2009	26.6%	26.5%
2010	19.4%	15.1%
2011	8.3%	2.1%
2012	16.9%	16.0%
2013	32.3%	32.4%
YTD thru 11/2014	15.6%	14.0%
Avg. Total Return	11.9%	9.4%
Std. Deviation	14.9%	19.2%
Return/Risk	80.3%	49.1%

[23] Source : https://seekingalpha.com/article/2748595-5-simple-ways-to-beat-the-market-part-4-of-5

Notons d'ailleurs que cette performance supérieure est réalisée avec un « risque » plus faible (on rejoint là les données obtenues au chapitre 2). Ainsi la « volatilité » qui mesure l'amplitude de variation des cours est de 22% plus faible pour les « Dividend Aristocrats » que pour les actions du S&P 500 sur la période (1994-2014).

A titre d'exemple, le tableau suivant montre quelques exemples de performance de quelques « Dividend Aristocrats » entre 2005 et 2015[24] :

Stock	Price return (10 years ending 1/23/2015)	Total return = Price return + Dividend return	Total return with dividends reinvested	Percentage of Total return provided by Price return
McDonald's (MCD)	186.6%	253.5%	284.2%	65.7%
Colgate-Palmolive (CL) (adjusted for 2:1 split in 2013)	169.6%	209.8%	241.7%	70.2%
HCP (HCP)	82.6%	154.2%	221.2%	37.3%
Chevron (CVX)	105.6%	163.0%	185.0%	57.1%
Coca-Cola (KO) (adjusted for 2:1 split in 2012)	111.7%	153.8%	182.2%	61.3%
Kimberly Clark (KMB)	75.1%	114.9%	160.9%	46.7%
Consolidated Edison (ED)	62.1%	115.4%	160.8%	38.6%
3M (MMM)	98.1%	125.3%	160.1%	61.3%
Berkshire Hathaway (BRK-A)	148.6%	148.6%	148.6%	100.0%
PepsiCo (PEP)	83.9%	117.2%	139.3%	60.2%
AT&T (T)	35.8%	104.4%	129.7%	27.6%
Johnson & Johnson (JNJ)	65.2%	97.9%	121.6%	53.6%
Procter & Gamble (PG)	61.9%	94.9%	113.3%	54.6%
Wal-Mart (WMT)	67.0%	90.1%	105.6%	63.4%

On constate ainsi que :

- la performance de ces « Dividend Aristocrats » dividendes réinvestis (colonne 4 nommée « Total return with dividends reinvested ») est pour certaines d'entre elles supérieures à

[24] Source : https://seekingalpha.com/article/2850476-how-much-extra-return-are-you-getting-if-you-reinvest-dividends

celle du fonds Warren Buffet (en jaune, « Bershire Hathaway») sur cette période. Rappelons que Warren Buffet est un des meilleurs (sinon « le meilleur ») gestionnaire de fonds au monde et une des 5 premières fortunes mondiales !

• contrairement au fonds de Warren Buffet pour qui 100% de la performance boursière (+146%) est uniquement due à l'augmentation du cours de Bourse, la performance des « Dividend Aristocrats » cités dans cet exemple est, selon les cas, due en partie au réinvestissement des dividendes dans des proportions variant entre 72,4% (cas « Consolidated Edison ») à 29,8% (cas « Colgate Palmolive »).

Si vous suiviez le conseil de Warren Buffet (« *N'achetez que ce que vous seriez parfaitement heureux de conserver si le marché fermait pendant 10 ans.* »), est-ce que les « Dividend Aristocrats » feraient partie de votre choix ? Au vu de ces performances, je vous laisse décider....

Les autres « Dividend Aristocrats »

Si les « Dividend Aristocrats » ont été créés aux Etats-Unis, le concept a été répliqué dans quelques autres pays.

Notons ici que :

• La taille et l'historique du marché américain depuis le début du 20ème siècle font que c'est aux Etats-Unis que l'on trouve le plus d'actions ayant une « culture » du dividende, et en particulier de leur régularité et/ou croissance. Cette situation explique que la durée de 25 ans minimum d'augmentation des dividendes chaque année comme critère de sélection des « Dividend Aristocrats » n'existe qu'aux Etats-Unis. Dans tous les autres pays, le critère d'augmentation du dividende est généralement bien inférieur, faute de « candidats » éligibles.

• Les études sur la performance des « Dividend Aristocrats » sont soit inexistantes (en raison de données exploitables moins importantes – donc statistiquement moins probantes) soit difficilement comparables entre elles.

Néanmoins, voici les autres « Dividend Aristocrats » disponibles.

Le Canada a, lui aussi, sa liste des « Dividendes Aristocrates ». Elle est néanmoins moins exigeante que celle des actions américaines : par manque de candidats, elle comprend l'ensemble des sociétés appartenant à l'indice S&P Canada BMI et ayant augmentées leurs dividendes chaque année depuis au moins 5 ans (seulement !). L'indice a été créé en 2008 et les actions le composant ont une performance moyenne annuelle de +7,13% par an (contre +3,90% pour l'indice S&P Canada BMI).

Des informations sur le sujet sont disponibles sur le site de Standard's & Poor[25] (qui ne rend pas publique la liste complète).

Il existe, de la même manière, une liste de « Dividend Aristicrats » pour les **actions japonaises**. Elle comprend l'ensemble des sociétés appartenant à l'indice «Topix Index» et ayant augmentées leurs dividendes chaque année depuis au moins 10 ans. L'indice a été créé en 2015 et ne publie pas de comparaison par rapport à l'indice Topix.

[25] http://us.spindices.com/indices/strategy/sp-tsx-canadian-dividend-aristocrats-index

Des informations sur le sujet sont disponibles sur le site de Standard's & Poor[26] (qui ne rend pas publique la liste complète).

En Europe, la liste des « Dividend Aristocrats » est fournie à travers le « S&P Europe 350® Dividend Aristocrats ». Elle comprend l'ensemble des sociétés appartenant à l'indice « S&P Europe 350 » et ayant augmentées leurs dividendes chaque année depuis au moins 10 ans. L'indice a été créé en 2005 et les actions le composant ont une performance moyenne annuelle de +5,17% par an (contre +3,39% pour l'indice S&P Europe 350).

A mi 2017, la liste des « Dividendes Aristocrates » européennes contenait 42 sociétés, dont :

- 19 anglaises (45,2% du total)
- 4 françaises (9,9% du total)
- 4 suisses (9,9% du total)
- 3 espagnoles (7,8% du total)
- 3 danoises (7,8% du total)
- 2 allemandes (5% du total)
- 2 hollandaises (5% du total)
- 2 irlandaises (5% du total)
- 1 belge (2,5% du total)
- 1 luxembourgeoise (2,5% du total)

Des informations sur le sujet sont disponibles sur le site de Standard's & Poor[27] (qui ne rend pas publique la liste complète).

En France, Standard's & Poor ne recense pas de liste des « Dividend Aristocrats».

[26] http://us.spindices.com/indices/strategy/sp-jpx-dividend-aristocrats
[27] https://us.spindices.com/indices/strategy/sp-europe-350-dividend-aristocrats-index

C'est pourquoi, j'ai en décidé de **créer cette première liste des « dividendes aristocrates » (en français) de France !**

Pour magnifier cette sélection, j'ai choisi d'appeler ces « dividendes aristocrates » français ainsi : les « Diva ».

Cette terminologie, issue de la contraction du nom, reflète bien d'ailleurs la caractéristique de ces actions d'être des « vedettes » et des actions « éminentes dans leur domaine » (définition Larousse).

Quelles sont les caractéristiques de ces « Diva » françaises ?

Sur le modèle de leurs consœurs américaines, les « Diva » françaises sont une sélection d'actions qui ont les caractéristiques suivantes :

• Une capitalisation boursière supérieure à 5 milliards €.
• Une augmentation des dividendes chaque année depuis au moins 10 ans.

Ces critères sont purement subjectifs de ma part, mais reflète bien la « philosophie » et « l'esprit » des dividendes aristocrates tels qu'ils ont été établis avec la liste américaine : des grandes sociétés (critère de la capitalisation boursière) avec des dividendes en augmentation chaque année.

Je n'ai pas pris comme critère d'appartenir à l'indice du marché parisien (CAC 40) contrairement aux « Dividend Aristocrats » américains (qui appartiennent à l'indice S&P 500) pour ne pas limiter le nombre de sociétés de la liste (une société des « Diva » n'appartient pas au CAC 40).

Par ailleurs, la durée de prise en compte de l'augmentation des dividendes pour les « Diva » a été réduite à 10 ans (contre 25 ans pour les « Dividend Aristocrats » américains) pour laisser la possibilité d'accueillir d'autres sociétés françaises dans cette liste dans le futur.

Car, avec 4 sociétés (seulement !) constituant cette liste des « Diva » en 2017, cette liste est aujourd'hui plutôt « confidentielle ».

Elle n'en constitue néanmoins pas moins une liste d'actions très intéressantes.

Au global, les caractéristiques des « Diva » sont les suivantes :

• Un rendement brut moyen de 1,86% (avec des variations selon les sociétés entre 0,9% et 4%).

• Un taux de croissance moyen annuel d'augmentation des dividendes de 9,53% sur 5 ans et 10,68% sur 10 ans (les dividendes exceptionnels ne sont pas pris en compte).

• Une augmentation des dividendes chaque année, en moyenne, sur une période de plus de 15 ans (je n'ai pas le chiffre exact en raison de l'absence de données).

• Une capitalisation boursière moyenne de 63,5 milliards €.

• 3/4 des sociétés appartiennent à l'indice CAC 40.

• Notons, par ailleurs, que les 4 sociétés sont éligibles au PEA (mais pas au PEA-PME).

Pour évaluer la performance de ces « Diva », je vais maintenant m'atteler à la création de l'indice des « Diva » (inscrivez-vous sur le site RevenusEtDividendes.com pour être tenus informés).

La liste des 4 « Diva » françaises est disponible en accès libre au téléchargement sur le site RevenusEtDividendes.com[28].

Vous y trouverez :

- le nom de chaque société,
- le rendement de chaque société,
- l'historique de versement des dividendes de chacune de ces sociétés depuis 2005,
- le taux de croissance annuel moyen du dividende pour chaque société sur 5 et 10 ans,
- la capitalisation boursière de chaque société.

D'autres actions à dividendes intéressantes

Si les « Dividend Aristocrats » sont la sélection la plus connue des meilleures actions à dividendes croissants, c'est parce que :

- D'abord, elle est créée et « entretenue » par la société Standard & Poor's, organisme connu et reconnu dans le monde de la finance. Ceci est clairement un gage de sérieux et de transparence dans la méthodologie de sélection et de calcul,

[28] Ici : https://revenusetdividendes.com/voici-la-1ere-liste-francaise-des-dividendes-aristocrates-les-diva

• Ensuite, parce que cette sélection fait ainsi l'objet d'un indice qui permet à la fois la création de trackers/ETF et de fonds d'investissement ayant pour objectif le suivi de la performance de ces « Dividend Aristocrats ».

• Enfin, parce que la durée prise en compte pour l'augmentation des dividendes est suffisamment longue (25 ans) pour être un critère discriminant de choix des actions, tout en permettant un nombre suffisamment large (50 actions le composant) pour être représentatif d'une classe d'actifs spécifique (parfois, je parle comme les « professionnels », ça me fait peur !).

Mais sachez que, dans ce domaine des actions à dividendes croissants, l'inventivité est sans limites aux Etats-Unis !

On trouve ainsi (tenez-vous bien), les «**Dividend Champions** », les « **Dividend Contenders** », les « **Dividend Challengers** », les « **Dividend Kings** » !

Contrairement aux « Dividend Aristocrats », ces autres catégories d'actions à dividendes croissants ne sont pas « gérées » par une société comme Standard & Poor's, mais plutôt par des investisseurs individuels et passionnés (un peu comme moi 😊).

Dès lors, la rigueur de la sélection n'étant pas reconnue par les « professionnels » (un grand classique de chaque profession !) et leurs critères moins exigeants (voir plus loin), ils ne constituent pas le support d'un indice et aucun fonds ou trackers ne suit cet ensemble de valeurs, les rendant dès lors moins populaires.

Je vous propose néanmoins de les étudier plus en détail car, à mes yeux, ils représentent un choix d'actions à dividendes croissants intéressantes (en particulier en raison de leur nombre plus important et de leurs rendements plus élevés).

Les « **Dividend Champions** » est une liste d'actions américaines développée par un investisseur particulier américain, Dave Fish.

Comme pour les « Dividend Aristocrats », la liste est constituée d'actions américaines qui ont augmenté leurs dividendes depuis au moins 25 ans.

La différence avec les « Dividend Aristocrats » est que cette liste est constituée de TOUTES les sociétés américaines qui ont cette caractéristique d'avoir augmenté leurs dividendes chaque année depuis au moins 25 ans.

Autrement dit, elle n'est pas limitée aux actions du S&P 500. Il n'y a donc aucune contrainte liée à un indice, un marché ou à un niveau de capitalisation boursière.

En conséquence, cette liste des « Dividend Champions » est plus élargie que celle des « Dividend Aristocrats ».

A fin avril 2016, elle comportait ainsi 108 actions (contre 50 pour les « Dividend Aristocrats »).

Les principales caractéristiques de ces « Dividend Champions » sont les suivantes :

• Durée moyenne d'augmentation annuel des dividendes : 41,1 années

Comme pour les « Dividend Aristocrats », la durée moyenne d'augmentation annuel des dividendes est bien supérieure à celle de 25 ans. On s'aperçoit donc ici encore que la discipline que s'impose ces sociétés américaines (augmenter les dividendes chaque année) s'inscrit dans la durée. Autrement dit, plus une société a augmenté ses dividendes pendant une période longue (plus de 25 ans), plus cela devient une constante ou une règle de gestion inscrite dans ses « gênes ». C'est finalement une illustration de: « plus on est bon, meilleur on devient » !

• Une augmentation moyenne annualisée des dividendes de 7,7% sur 10 ans.

Ce taux, même s'il est appréciable, est néanmoins moins important que celui des « Dividend Aristocrats » (12%).

• Un rendement brut moyen de 2,56%

A fin avril 2016, le rendement brut moyen de ces « Dividend Champions » était de 2,56%, soit sensiblement le même que celui des « Dividend Aristocrats » (2,54%). Mais supérieur à celui du marché américain dans son ensemble (2,12% de rendement brut moyen sur le S&P 500).

Le dividende brut varie, selon les actions, entre 0,45% et 6,80%. Parmi elles, on trouve même 8 actions avec un rendement brut supérieur à 4%.

Les « Dividend Champions » constituent pour moi une liste de choix que je scrute avec attention pour faire mes choix d'investissement.

Vous trouverez sur mon site, la liste « Dividend Champions », avec, pour chaque action, le rendement offert[29].

La liste des « **Dividend Contenders** » rassemble l'ensemble des actions américaines ayant augmenté leurs dividendes chaque année depuis au moins 10 ans.

Plus précisément, ce sont l'ensemble des actions ayant augmenté leurs dividendes chaque année sur un horizon de 10 à 24 ans.

Au-delà, une société qui continue à augmenter ses dividendes passe dans la liste des « Dividend Champions ».

Les principales caractéristiques de ces « Dividend Contenders » sont les suivantes :

• Nombre d'actions composant la liste : 245.

• Durée moyenne d'augmentation annuel des dividendes : 15,1 années.

• Une augmentation moyenne annualisée des dividendes de 10,5% sur 5 ans.
Ce taux est supérieur à celui des « Dividend Champions » (7,5%) sur la même période.

• Un rendement brut moyen de 2,93%
Le rendement brut est supérieur à celui des « Dividend Champions » (2,56%) et celui des « Dividend Aristocrats » (2,54%).

---

[29] Ici : https://revenusetdividendes.com/dividend-aristocrats-versus-dividend-champions

Il est bien supérieur à celui du marché américain dans son ensemble (2,12% de rendement brut moyen sur le S&P 500).

• Le dividende brut varie, selon les actions, entre 0,20% et 13,20% ! Parmi elles, on trouve 18 actions avec un rendement brut supérieur à 6% et même 38 actions avec un rendement brut supérieur à 4%.

La liste des « **Dividend Challengers** » rassemble l'ensemble des actions américaines ayant augmenté leurs dividendes chaque année depuis au moins 5 ans.

Plus précisément, ce sont l'ensemble des actions ayant augmenté leurs dividendes chaque année sur un horizon de 5 à 9 ans. Au-delà, une société qui continue à augmenter ses dividendes passe dans la liste des « Dividend Contenders ».

Les principales caractéristiques de ces « Dividend Challengers » sont les suivantes :

• Nombre d'actions composant la liste : 419.

• Durée moyenne d'augmentation annuel des dividendes : 5,9 années.

• Une augmentation moyenne annualisée des dividendes de 16,4% sur 3 ans.

Ce taux est supérieur à celui des « Dividend Contenders » (10%) et « Dividend Champions » (7,9%) sur la même période.

• Un rendement brut moyen de 3,09%

Le rendement brut est supérieur à celui des « Dividend Champions » (2,56%), à celui des « Dividend Aristocrats » (2,54%) et à celui des « Dividend Contenders » (2,93%).

Le dividende brut varie, selon les actions, entre 0,18% et 19,14% ! Parmi elles, on trouve 38 actions avec un rendement brut supérieur à 6% et même 76 actions avec un rendement brut supérieur à 4%.

Vous trouverez sur mon site, la liste « Dividend Contenders et Challengers », avec, pour chaque action, le rendement offert[30].

Enfin, les « **Dividend Kings** » (les « Rois des Dividendes » en français) rassemble l'ensemble des actions américaines ayant augmenté leurs dividendes chaque année depuis au moins 50 ans !

Certaines actions de cette liste ont même augmenté leurs dividendes chaque année depuis plus de 60 ans (soit depuis 1957) !

Vous trouverez la liste des « Dividend Kings » sur le site SimplySafeDividends.com[31].

Les trackers/ETF et les fonds

Pour investir dans les actions à dividendes croissants évoqués ci-dessus, vous pouvez bien évidemment choisir dans les différentes listes les actions qui vous conviennent.

---

[30] Ici : https://revenusetdividendes.com/une-selection-dactions-a-dividendes-de-premier-choix-les-dividend-contenders-et-les-dividend-challengers/

[31] Ici : https://www.simplysafedividends.com/dividend-kings-list/

Mais vous pouvez aussi choisir d'investir à travers des trackers/ETF.

Qu'est ce que les trackers/ETF ?

Les trackers/ETF se négocient en Bourse comme des actions et reproduisent l'indice de votre choix. Ainsi, acheter le trackers/ETF des « Dividend Aristocrats » revient ainsi à investir dans l'ensemble des actions composant cet indice mais en une seule fois, avec une seule valeur (au lieu d'acheter l'ensemble des actions).

Au cours des dernières décennies, les ETF (« Exchange Traded Funds »), aussi appelés communément « trackers » en France, sont devenus des supports d'investissement importants, attirant de plus en plus de capitaux. Ils se sont imposés essentiellement (mais pas seulement) grâce à leurs commissions réduites et à leur facilité d'accès en Bourse (on les achète aussi facilement que des actions).

Les volumes des ETF ont ainsi explosé et représentent maintenant plus de 3 000 milliards de dollars d'encours dans le monde, dont 500 en Europe (2015). Fin 2016, en France, les trackers représentaient 25% de l'encours des fonds en actions.

Les ETF ont pour objectif de répliquer les variations d'un indice, à la hausse comme à la baisse. Il s'agit donc d'une gestion passive permettant au produit d'avoir une variation similaire à celle de son sous-jacent, sans aucune intervention stratégique pour tenter de surperformer l'indice.

Le gestionnaire des ETF/trackers se limite ainsi aux activités administratives comme l'encaissement de dividendes ou la transposition de divisions de titres. Il intervient de façon très limitée sur l'ETF/tracker et par conséquent les frais de gestion sont moins élevés que les fonds gérés de manière active.

Les avantages principaux des ETF/trackers sont :

• Ils sont moins chers que les fonds (SICAV/FCP) : les frais varient de 0,10% (voire moins maintenant) à 0,60%.
• Ils sont transparents (dans une certaine mesure, voir ci-dessous).
• Ils suivent un indice de manière automatique et (plus ou moins) précise.
• Ils permettent ainsi une gestion « passive » de son portefeuille. Vous n'avez pas à choisir et et sélectionner vos actions, la sélection est effectuée automatiquement sur la base des indices qu'ils suivent.

Comme beaucoup de fonds classiques, les ETF/trackers suivent des indices boursiers ce qui les rend plus simples à aborder et immédiatement comparables aux fonds classiques en termes de performance.

Les ETF/trackers donnent ainsi, à travers les indices qu'ils répliquent et depuis une même place boursière, un accès immédiat à une multitude de classes d'actifs à travers le monde, et ce dans de multiples devises :

• Secteurs : santé, banque, télécom, industrie, consommation, assurance (…)
• Géographies : Asie, Chine, Europe, US, Afrique (…)
• Stratégie : large cap, small cap, dividendes, growth, value (…)

• Classe d'actifs : actions, obligations, matières premières, immobilier, monétaire (…)

Il convient de préciser que les « ETF/trackers de dividendes » ne sont pas les seuls à verser des dividendes. Mais les ETF/trackers de dividendes sont dédiés à cet objectif

Comme évoqué précédemment, seuls les « Dividend Aristocrats » peuvent être achetés par l'intermédiaire de trackers/ETF.

Voici la liste :

• Les « Dividend Aristocrats » **américaines** peuvent être achetées à travers le trackers/ETF « ProShares S&P 500 Dividend Aristocrats ETF » (code BATS:NOBL)[32].

• Les « Dividend Aristocrats » **européennes** peuvent être achetées à travers le trackers/ETF "SPDR S&P Euro Dividend Aristocrats UCITS ETF" (code EPA:EUDV)[33]. Ce tracker/ETF est éligible au PEA. Mais, je précise que ce tracker/ETF ne suit pas précisément le « S&P Europe 350® Dividend Aristocrats » (il n'y a pas de tracker/ETF sur cet indice) mais plus précisément les actions à haut rendement de la zone euro (et non de l'Europe, excluant ainsi les actions anglaises en particulier). L'indice qui est suivi est le « S&P High Yield Dividend Aristocrats Index ».

• Les « Dividend Aristocrats » **anglaises** peuvent être achetées à travers le trackers/ETF "SPDR® S&P® UK Dividend

[32] http://www.proshares.com/funds/nobl_index.html
[33] https://fr.spdrs.com/fr/professional/etf/spdr-sp-euro-dividend-aristocrats-ucits-etf-SPYW-GY

Aristocrats UCITS ETF" (code FRA:SPYG)[34]. Ce tracker/ETF est éligible au PEA. Mais, je précise que ce tracker/ETF suit précisément les actions à haut rendement anglaises. L'indice qui est suivi est le « S&P UK High Yield Dividend Aristocrats Index ».

- On peut citer aussi le tracker/ETF "SPDR® S&P® Pan Asia Dividend Aristocrats UCITS ETF" (code FRA:ZPRA)[35] qui suit les "Dividend Aristocrats" **asiatiques** et le tracker/ETF "SPDR® S&P® Global Dividend Aristocrats UCITS ETF" (code FRA:ZPRG)[36] qui suit les "Dividend Aristocrats" **mondiales**. Attention, néanmoins, je précise que pour ces deux trackers/ETF, la dénomination de « Dividend Aristocrats » est quelque peu usurpée car, pour en faire partie, les sociétés éligibles doivent avoir augmenté ou ne pas avoir baissé leurs dividendes (ce qui est différent du critère plus strict d'augmentation continue chaque année du dividende normalement utilisé pour le titre de « Dividend Aristocrats »).

Permettez-moi ici de préciser quelques points sur ces trackers/ETF :

- Investir dans les actions à dividendes croissants à travers ces trackers/ETF est clairement un moyen simple et efficace qui vous évite de sélectionner vous-même les actions et de les acheter individuellement. Cette méthode est clairement adaptée pour celles/ceux qui ne veulent pas consacrer trop de temps à la gestion

---

[34] https://uk.spdrs.com/en/professional/etf/SPDR-SP-UK-Dividend-Aristocrats-UCITS-ETF-SPYG-GY

[35] https://uk.spdrs.com/en/professional/etf/SPDR-SP-Pan-Asia-Dividend-Aristocrats-UCITS-ETF-ZPRA-GY

[36] https://uk.spdrs.com/en/professional/etf/SPDR-SP-Global-Dividend-Aristocrats-UCITS-ETF-ZPRG-GY

de leur portefeuille boursier. Elle permet aussi de le faire à moindre coût en raison des frais réduits de ces trackers/ETF.

• D'autant plus que, comme évoqué ci-dessus, la liste des différents « Dividend Aristocrats » varie d'une année sur l'autre ! Investir à travers les trackers/ETF vous évite de vérifier constamment la liste et de mettre à jour votre portefeuille. Les trackers/ETF prennent en compte automatiquement ces évolutions, sans aucune intervention de votre part à effectuer.

• La plupart de ces trackers/ETF sont cotés sur le marché américain et ne sont donc accessibles que dans le cadre d'un compte-titres. Seuls les 2 trackers/ETF européens et anglais sont accessibles au PEA.

• En raison de leur spécificité, j'ai déjà constaté que certains trackers ne sont pas accessibles chez certains courtiers. Si vous voulez les acheter, je vous invite à bien vous renseigner auprès de votre courtier.

• Leurs frais de gestion varient entre 0,35% et 0,55%/an.

• Enfin, ces trackers/ETF versent tous des dividendes. Soyez donc bien conscients que le réinvestissement des dividendes doit être fait par vous-mêmes pour bénéficier des performances « dividendes réinvestis » évoqués ci-dessus.

Les **fonds d'investissement** (type SICAV/FCP) constituent également une alternative pour investir dans les dividendes.

Néanmoins, je ne suis pas un grand « fan » de ceux-ci, pour plusieurs raisons :

• Tout d'abord, par manque de transparence. Même si cela est justifié par la gestion active de ces fonds, ce manque de transparence ne permet pas de connaître le contenu de votre achat.

• La performance des fonds dépendent fortement de la qualité des gérants. A ce titre, le changement de gérant d'un fonds peu impacté fortement les performances sans que l'information soit communiquée publiquement (et encore moins que vous soyez informé !).

• Ensuite, de manière générale, les études montrent que la performance des fonds est, dans la majorité des cas, inférieure au marché boursier.

• Leurs frais sont élevés. Ils comprennent non seulement les frais de gestion (entre 1% à 3%/an), mais aussi souvent des frais d'entrée (entre 1% et jusqu'à 5%) et parfois d'autres frais (frais de sortie, de rachat, etc…).

• Même s'ils s'affublent du terme de « dividende », certains ne versent tout simplement pas de dividendes (surtout en France, d'ailleurs). Autrement dit, ces fonds réinvestissent les dividendes reçus des sociétés dans lesquels ils investissent et ne vous les versent pas. Dans une optique de valorisation à long terme, cela ne pose pas forcément de problème, mais dans un objectif de revenus, cela n'est pas le même cas !

• Ces fonds n'ont, en général, pas d'objectif d'investissement spécifique dans les actions à dividendes croissants (une des exceptions est le fonds américain « Vanguard Dividend Appreciation », voir plus loin). Globalement, ce sont des fonds qui investissent dans les « dividendes », sans plus de précision ! Or, comme nous l'avons vu ci-dessus, toutes les actions à dividendes ne se valent pas.

Vous l'aurez compris, je n'investis pas dans les fonds (SICAV/FCP) pour mon portefeuille boursier.

Si, néanmoins, vous souhaitez vous y intéresser, sachez que, c'est sur le marché américain que vous trouverez la plus grande quantité de fonds orientés « dividendes » (ou « revenus »).

Voici quelques fonds en la matière :

Aux Etats-Unis, on peut citer les fonds suivants : **Vanguard Dividend Appreciation**, **The Gabelli Dividend & Income Trust**, **WisdomTree LargeCap Dividend Fund**.

En France, on peut citer les fonds **LBPAM Actions Dividendes Europe**, **CPR Euro High Dividend**, **SG Actions France Dividendes**, **DWS Top Dividende** ou encore **Tocqueville Dividende**.

A noter que, sur le site Boursorama, vous pouvez trouver une sélection de fonds à vocation « rendement ».

Partie 4 : Investir dans les dividendes pour gagner un salaire

"Les intérêts composés sont la huitième merveille du monde. Qui le comprend, gagne. Qui ne le comprend pas, le paiera."

("Compound interest is the eighth wonder of the world. He who understands it, earns it... he who doesn't... pays it")

Albert Einstein

Partie 4 :
Investir dans les dividendes pour gagner un salaire

Vivre sans travailler est le rêve de beaucoup de gens. Cependant ce rêve semble souvent inaccessible à cause d'une idée reçue très répandue : celle qu'il est nécessaire d'amasser une fortune de plusieurs millions d'euros pour être capable de vivre de ses rentes.

« Gagner en Bourse » signifie, pour la plupart des gens, « faire des plus-values ». Mais cette vision est réductrice et limitée.

Car les actions à dividendes sont aussi un formidable moyen de « gagner en Bourse » en générant un « revenu », un « salaire », une « rente ». Et ce, dans une certaine mesure, de manière automatique et passive !

C'est ce que nous allons voir dans cette partie. Vous verrez même que chacun peut gagner un « revenu » chaque mois grâce aux dividendes.

Ainsi, grâce aux dividendes, chacun peut se constituer un salaire (dans certains cas, même, en augmentation chaque année), préparer sa retraite ou simplement atteindre la liberté financière.

Personnellement, comme je l'ai expliqué en introduction, les dividendes sont aujourd'hui mon unique source de revenus. J'ai constitué un portefeuille boursier en quelques années qui me permet de vivre à 100% des revenus de mes dividendes. Je suis donc bien placé pour vous en parler et vous convaincre que c'est possible pour chacun(e) d'entre vous !

Nous allons voir ici qu'il n'est absolument pas nécessaire d'accumuler une fortune pour pouvoir vivre sans travailler grâce aux dividendes de la Bourse si l'on fait les choses intelligemment, et qu'il est possible d'atteindre cet objectif avec un peu de temps, quelques connaissances financières et un capital de départ tout à fait ordinaire.

Pourquoi les dividendes permettent-ils de générer un « revenu » régulier ?

Un des freins que la plupart des gens ont par rapport à cette idée de générer un revenu avec les dividendes est la croyance que les dividendes sont une source de revenu « risquée ».

Cette croyance s'appuie sur l'idée que les dividendes constituent des distributions de revenus aléatoires, dépendant de facteurs que l'on ne maîtrise pas. Et, en particulier, de l'évolution des bénéfices des sociétés qui versent des dividendes.

Or, cette croyance n'est pas vérifiée dans les faits :

• Comme nous l'avons vu dans le chapitre 1, « la volatilité constatée sur une longue période est de seulement 6% pour les dividendes » ! Autrement dit, les dividendes « varient » beaucoup moins que les bénéfices des entreprises. Et encore, il convient de noter que cette étude d'Allianz Global Investors de Mars 2015[37]

[37] http://bit.ly/2fbi7AU

s'appuie sur un large échantillon de sociétés constituant l'indice S&P 500, comprenant à la fois des sociétés qui versent régulièrement des dividendes et celles ayant une distribution des dividendes plus erratique (voire les réduisant ou les coupant).

• Sur le marché américain (valeurs du S&P 500), et sur une longue période (1965 - 2014), on s'aperçoit que sur cette période de 49 ans, les dividendes ont diminué seulement 5 années (1970, 1971, 2000, 2001 et 2009), soit seulement 10% du temps. Autrement dit, dans 90% des cas (années), les dividendes versés par les sociétés (composant le S&P 500) ont été stables ou (dans la majorité des cas) augmenté. Un « track record » impressionnant ! Et encore une fois, cet indice ne contient pas que des actions à dividendes intéressantes.

• Les meilleures actions à dividendes telles que les « Dividend Aristocrats » ont non seulement un versement des dividendes régulier mais aussi en augmentation chaque année (en moyenne depuis 42 ans !). Autrement dit, pour ces actions, la régularité du versement des dividendes est une « règle » de gestion qui ne dépend pas de l'évolution des bénéfices.

Les données historiques disponibles sur une longue période (encore une fois sur l'indice américain S&P 500) montrent clairement une moindre volatilité des dividendes comparé à l'évolution du cours de l'indice. Autrement dit, les variations de dividendes sont beaucoup moins violentes/fortes que les variations de cours d'actions.

Le graphique ci-dessous montre l'évolution des dividendes par action des sociétés composant l'indice américain S&P 500 de 1965 à 2014 et la comparaison avec l'évolution du cours de l'indice (chiffres que j'ai compilé moi-même[38])

[38] Source : https://goo.gl/z7RviU

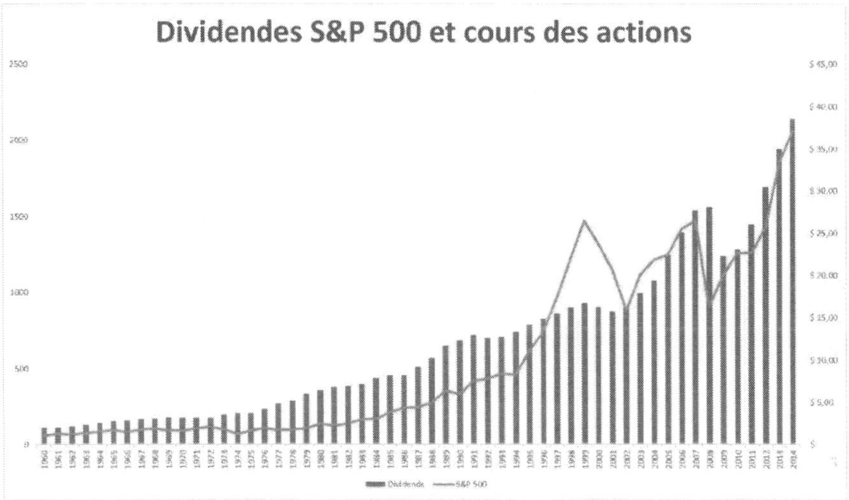

Nous constatons ainsi que :

• Les baisses de cours sont beaucoup plus nombreuses que les baisses des dividendes d'une année sur l'autre (même si, j'en conviens, le graphique sur cette longue période ne permet pas de distinguer en détail !). On observe sur cette longue période que, d'une année sur l'autre, la baisse des cours apparaît (dans le sens « d'occurrence ») plus de deux fois plus souvent que la baisse des dividendes (13 fois pour le cours de Bourse contre 5 fois pour les dividendes).

• Les baisses de dividendes sont non seulement beaucoup moins nombreuses, mais aussi beaucoup moins prononcées. Et ce, trois fois moins ! Ainsi, alors que la baisse moyenne constatée (sur les 5 cas de baisse des dividendes) est de « seulement » -5,2% pour les dividendes contre -15,2% pour le cours de l'indice. La baisse maximale observée pour les dividendes est aussi presque 2 fois moins importante que celle sur le cours de l'indice (-20% en 2009 pour les dividendes contre -38% pour l'indice).

• La progression des dividendes sur cette période est de 1 846% (!!), soit une performance moyenne de 5,65 %/an.

Cette volatilité moindre explique qu'il arrive à plusieurs périodes que les dividendes augmentent alors même que le cours des actions baisse !

Ainsi, sur la période s'étalant entre les crises de 1999-2000 et 2008-2011, on s'aperçoit que le dividende des actions de l'indice S&P a augmenté de 56% alors que le cours des actions a reculé de 14%, comme le montre le graphique ci-dessous.

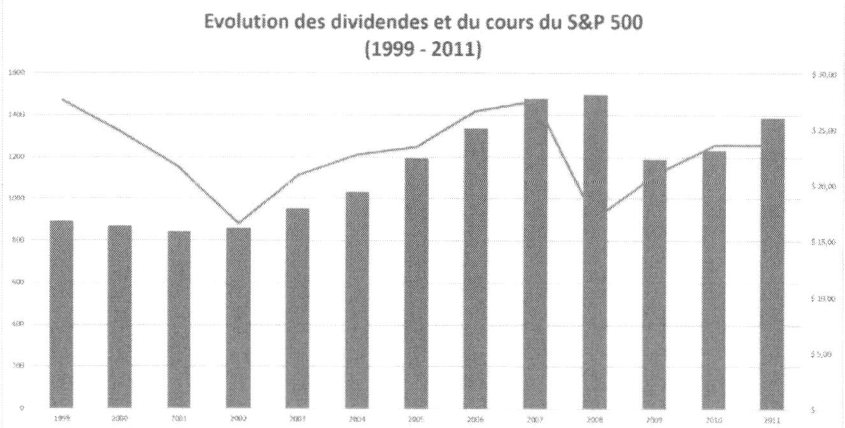

Pour résumer, constatons que les dividendes constituent, sur une longue période, une source de revenus à la fois en augmentation et peu volatile. Ceci est particulièrement vrai pour le marché américain.

Ces deux points sont d'un intérêt majeur pour qui souhaite bénéficier d'un revenu issu de ses placements boursiers.

Retenons enfin que :

• Si certaines années on constate une baisse des revenus des dividendes, cette baisse est à la fois peu fréquente et limitée dans son intensité. Elle est aussi la contrepartie d'une tendance générale en forte croissance. Qui ne rêve pas de voir ses revenus augmenter de plus de 5% par an ?

• Les chiffres présentés ci-dessus sont des moyennes constatées sur un large échantillon de sociétés. Un choix plus judicieux de sociétés permettrait d'obtenir une performance bien supérieure, comme nous le verrons plus loin.

Avant de voir combien peut-on gagner avec les dividendes, rappelons ici un point évident mais tellement important.

Pour créer des revenus passifs avec la Bourse, vous devrez choisir des actifs qui vous paient régulièrement un dividende ! Cela semblera peut être évident à certains, mais si vous souhaitez vous constituer des revenus passifs, vous ne devez pas investir dans des actifs qui ne vous payent rien ! Donc oubliez, l'or, l'argent, le pétrole et les comptes bloqués sur 10 ans (qui vous paient uniquement en fin de période).

Combien gagne-t-on de revenus avec les dividendes ?

La réponse à cette question dépend du rendement de vos actions en portefeuille (je vous invite à lire les explications sur le rendement dans le premier chapitre).

Avant de rentrer dans le détail, il est utile de noter que les dividendes versés, en moyenne, par les sociétés, quel que soit le pays (que ce soit en France, aux Etats-Unis ou en Europe), sont bien plus élevés que le placement préféré des Français – le livret A. Avec une rémunération comprise entre 2% et 4% selon les pays, le rendement des actions est bien supérieur au rendement du Livret A en 2017 (0,75%). La sécurité offerte par le Livret A (le capital est « garantit » contrairement à un investissement en actions) ne compense pas, à mes yeux, cette grande différence (2 à 3 fois supérieure) de rendement.

Pour vivre sans travailler, il faut donc que vous arriviez à dégager des rendements suffisants avec l'argent que vous avez placé.

Pour illustrer ce point ci, voici un tableau présentant les revenus annuels et mensuels (bruts) que l'on peut dégager avec un capital de 100 000 euros placé avec des rendements entre 2 et 10% par an.

Capital	Rendement	Revenu annuel	Equivalent mensuel
100 000 €	2%	2 000 €	167 €
100 000 €	3%	3 000 €	250 €
100 000 €	4%	4 000 €	333 €
100 000 €	5%	5 000 €	417 €
100 000 €	6%	6 000 €	500 €
100 000 €	7%	7 000 €	583 €
100 000 €	8%	8 000 €	667 €
100 000 €	9%	9 000 €	750 €
100 000 €	10%	10 000 €	833 €

Pour un capital différent, les revenus seront proportionnels. Ainsi, pour un capital de 50 000 € placé, les revenus seront deux fois moins élevés et, pour un capital de 200 000 €, les revenus seront deux plus élevés.

Notez qu'il n'y a pas besoin d'être millionnaire pour pouvoir gagner l'équivalent d'un SMIC mensuel net de 1 139 € (base 35 heures par semaine et 151,67 heures par mois, le montant égal à la rémunération nette perçue en 2017, calculé en déduisant les différentes charges sociales obligatoires).

Vous pouvez atteindre ce montant avec un capital de 200 000 € placé avec un portefeuille d'actions avec un rendement moyen de 7% (un objectif clairement atteignable comme nous le verrons plus loin). Quand on sait que les ménages français disposent d'un patrimoine moyen de 375 000 € (chiffres INSEE 2017), la possibilité de gagner un SMIC sans travailler est certainement accessible à plus de personnes que l'on pense. Encore faudrait-il que cet argent/patrimoine soit bien placé !

Au vu de ces chiffres, ne vous précipitez pas sur n'importe quelle action à 10% de rendement…et lisez la suite.

Car nous allons voir qu'il est possible d'augmenter significativement ces niveaux de revenus avec les meilleures actions à dividendes.

Les actions à dividendes croissants

Afin de comprendre l'intérêt de choisir les meilleures actions à dividendes, permettez-moi de vous expliquer ici en détail la « magie » des intérêts composés.

Les calculs que j'ai présentés précédemment s'appuient sur un rendement constant (de 2% à 7%). Autrement dit, ils ne prennent pas en compte l'augmentation du dividende.

Or, dans la pratique, les meilleures actions à dividendes augmentent régulièrement leurs dividendes. Comme nous l'avons vu plus haut, sur les actions américaines du S&P 500, la croissance moyenne sur le long terme est de 5,65%/an.

Que cela signifie-t-il concrètement ?

Un exemple valant mieux que de longs discours, prenons l'exemple d'une société dont le cours de Bourse est de 100 € et qui verse un dividende (brut, hors impôts, taxes et frais divers) de 5 €. Si cette société augmente son dividende chaque année de 5,65%, le montant du dividende versé sera donc le suivant :

- Année 0 : 5 €
- Année 1 : 5,28 € (soit 5 € x 1,565)
- Année 2 : 5,58 € (soit 5,28 € x 1,565)
- Année 3 : 5,90 € (soit 5,58 € x 1,565)
- Année 4 : 6,23 €
- Année 5 : 6,58 €
- Année 6 : 6,95 €
- Année 7 : 7,35 €
- Année 8 : 7,76 €
- Année 9 : 8,20 €

Ainsi, on constate que, durant cette période de 10 ans, le dividende a augmenté de 64% ! Et si vous aviez investi dans cette action, vos revenus aussi ! Et, sur une période de 20 ans, la progression est de +184% (soit x 2,84).

Ainsi, au bout de 10 ans, un investissement de 100 000 € rapporte 8 200 € de revenus brut/an (et non plus 5 000 € dans le cas d'un dividende stable/identique). Encore une fois, les calculs étant proportionnels, vous pouvez faire votre propre estimation en fonction de votre capital de départ.

C'est ce qu'on appelle la « magie des intérêts composés » ou « l'effet boule de neige ».

Citons aussi Warren Buffet : « *Ma richesse vient essentiellement de la combinaison de trois choses : vivre en Amérique, la chance, et les intérêts composés.* »

Je n'hésite pas à dire que les intérêts composés sont un des principaux **secrets de la Richesse.**

Alors que des intérêts simples multiplient le capital initial de manière linéaire (donc lente), les intérêts composés le multiplient de manière exponentielle, car vous touchez des intérêts sur des intérêts. Et si les quelques euros gagnés en plus sur les premières années peuvent paraître faible, cela crée avec le temps un énorme « effet boule de neige ».

Il convient ici de bien comprendre l'impact de l'effet exponentiel des intérêts composés. Cela signifie concrètement que plus la croissance du dividende est forte, plus l'effet est important.

Ainsi, en reprenant l'exemple précédent, si au lieu d'une augmentation annuelle de 5,65%, nous avions pris une augmentation de 8%, le résultat est tout simplement impressionnant : les revenus versés sont multipliés par 2 (+100%) en 10 ans ! Et par 4,3 en 20 ans (+332%).

Voilà comment augmenter facilement vos revenus grâce aux dividendes en investissant dans les actions à dividendes croissants. Comme nous allons le voir plus loin, un tel taux (8%) de croissance annuelle des dividendes peut être obtenu avec les meilleures actions à dividendes.

Mais avant, je voudrais ici faire quatre remarques complémentaires.

1.En choisissant des sociétés dont les dividendes payés augmentent chaque année, ce que l'on appelle votre « rendement sur coût d'acquisition » augmentera peu à peu avec le temps, jusqu'à ce que vous obteniez un rendement très élevé sur votre capital initial. Comme indiqué dans le premier chapitre, "le rendement sur coût d'acquisition", c'est le rendement que va vous rapporter une action par rapport au prix que vous l'avez payée initialement.

Ainsi, si on reprend l'exemple initial, l'augmentation du dividende est passé de 5 € à 8,20 € (sur la base d'une augmentation du dividende de 5,65%/an). Si on rapporte ce dividende à votre coût d'acquisition de l'action de 100 €, vous constaterez alors que votre « rendement sur coût d'acquisition » est de 8,20% (8,20 €/100 €). Vos actions vous « rapportent » ainsi 8,20% au bout de 10 ans (et plus si vous ne les vendez pas et qu'elles continuent à augmenter le dividende). On arrive ainsi à des taux élevés par la « magie » de l'augmentation des dividendes.

Attention, votre « rendement » (brut) dépendra du cours de l'action. Si l'action est à un cours de 140 € au bout de 10 ans, votre « rendement » sera de « seulement » 5,85% (8,20 € de dividende/140 € du cours de Bourse). Mais ce chiffre de « rendement » ne reflète finalement pas ce que « rapporte » réellement votre portefeuille boursier au bout de 10 ans.

A titre d'exemple, en 2017, grâce à cette méthode d'investissement que j'ai pratiqué depuis 2012, le « rendement sur coût d'acquisition » de mon portefeuille boursier atteint 10,5% (alors que mon « rendement » brut est de « seulement » 6% en raison de l'augmentation de la valeur de mon portefeuille).

2. Il est important de noter que, dans l'esprit et la pratique de la méthode, pour que la « magie » des dividendes croissants fonctionne, ce qui est important est le « taux » de croissance moyen sur une longue période. Autrement dit, la baisse éventuelle du montant du dividende durant quelques périodes (comme les 4 années pour le S&P 500) n'impacte pas le résultat final.

3. Je voudrais aussi vous faire remarquer que les calculs ci-dessus ne prennent pas en compte un éventuel apport mensuel (ou annuel) complémentaire de capital. En effet, épargner n'est généralement pas un acte unique et, pour la plupart des gens, l'effort d'épargne est souvent régulier et sur une longue période. Ainsi, le capital de départ pourrait être augmenté d'un apport mensuel (lié à un effort d'épargne) de 100 €/mois. Les revenus obtenus seraient alors bien plus élevés. C'est d'ailleurs ce que je vous conseille de faire pour multiplier ces revenus de dividendes.

4.Les calculs ci-dessus ne prennent même pas en compte le réinvestissement des dividendes. Réinvestir les dividendes perçus vous permettra d'augmenter encore significativement vos revenus en bénéficiant de ce qu'on appelle une « double composition » des intérêts : vous touchez des intérêts sur des intérêts et ceci avec une vitesse d'accélération constante. Vous êtes au maximum de ce que vous pouvez accomplir mathématiquement. Le calcul des revenus en prenant en compte ce réinvestissement des dividendes est complexe et n'est pas développé ici. Cet outil, le «Calculateur de Revenus de Dividende » est un des outils que je mets à disposition dans ma méthode complète pour gagner 1 000 €/mois de revenus de dividendes avec un capital de départ variant de 10 000 € à 100 000 €[39].

Au final, retenez que le montant et la vitesse à laquelle vous atteindrez l'indépendance financière sera principalement fonction de trois choses :

- Votre capital de départ
- Votre capacité d'épargne
- Votre choix d'actions à dividendes croissants

Quelles actions à dividendes choisir pour générer un revenu ?

Comme nous l'avons vu ci-dessus, la croissance du dividende est le meilleur moyen d'augmenter significativement et rapidement vos revenus de dividendes pour vous permettre d'atteindre la liberté financière.

Pour que cette croissance soit la plus sereine possible pour vous, je vous invite à choisir les actions à dividendes qui versent un dividende en croissance de manière régulière et avec un historique de croissance le plus long possible.

[39] Voir ici : http://revenusetdividendes.com/devenir-rentier-grace-aux-dividendes

Même si un long historique de croissance des dividendes n'est pas un gage absolu pour l'avenir, c'est néanmoins un élément important à prendre en compte dans la mesure où il prouve la capacité de la société à générer des revenus croissants.

Et, dans ce cadre-là, les « Dividend Aristocrats » constituent une liste d'actions à dividendes de premier choix. Car, rappelons (voir chapitre précédent) que leur principale caractéristique est justement cette augmentation régulière (sans discontinuité) sur une longue période des dividendes.

Les « Dividend Aristocrats » américains[40] constituent, par leur critère « exigeant/élevé » de plus de 25 ans d'augmentation continue du dividende, un choix particulièrement judicieux (contre 10 ans pour les « Dividend Aristocrats » japonais, anglais, français et 5 ans pour les « Dividend Aristocrats » canadiens – voir chapitre précédent).

Rappelons les chiffres concernant la croissance des dividendes de ces actions :

• En moyenne, les « Dividend Aristocrats » américaines ont augmenté leurs dividendes chaque année depuis 42 ans (certaines depuis plus de 50 ans) et, sur les dix dernières années, le taux de croissance moyen annuel d'augmentation des dividendes est de 12%, (certaines même avec des taux bien plus élevés avec près de 20% pour Mac Donald's, par exemple).

• Un taux de croissance moyen annuel d'augmentation des dividendes de 9,53% sur 5 ans et 10,68% sur 10 ans et une

[40] Voir la liste : https://revenusetdividendes.com/les-dividend-aristocrats-ou-le-meilleur-des-actions-a-dividendes

augmentation des dividendes chaque année, en moyenne, sur une période de plus de 15 ans pour les « Dividendes Aristocrates » françaises[41].

Comme vous le voyez, les chiffres de croissance du dividende sont bien supérieurs aux calculs précédents et permettent donc d'envisager une augmentation de vos revenus supérieurs à ceux présentés ci-dessus. Pour simuler ces revenus, vous pouvez utiliser mon « Calculateur de Revenus de Dividendes «[42].

Pour comprendre la puissance et la force des dividendes croissants et du réinvestissement du dividende, je vous propose de prendre un exemple concret.

L'exemple est celui de l'action Coca-Cola, faisant partie des « Dividend Aristocrats » américains.

La société Coca-Cola (qui, pour ceux qui ne le savent pas, ne vend pas que du Coca mais plus de 20 boissons – dont dcs jus de fruits, de l'eau et du thé !), a augmenté ses dividendes pendant 55 ans d'affilée (sans jamais aucune baisse) à un taux moyen d'environ 9.8% par an environ

Voici une simulation (on appelle cela un « backtest ») des revenus générés par les dividendes perçus entre 1995 et 2015 pour un investissement de 10 000 $. Nous avons comparé les 2 cas de revenus avec et sans le réinvestissement des dividendes.

---

[41] Voir la liste : https://revenusetdividendes.com/voici-la-1ere-liste-francaise-des-dividendes-aristocrates-les-diva

[42] Accessible ici : http://revenusetdividendes.com/devenir-rentier-grace-aux-dividendes/

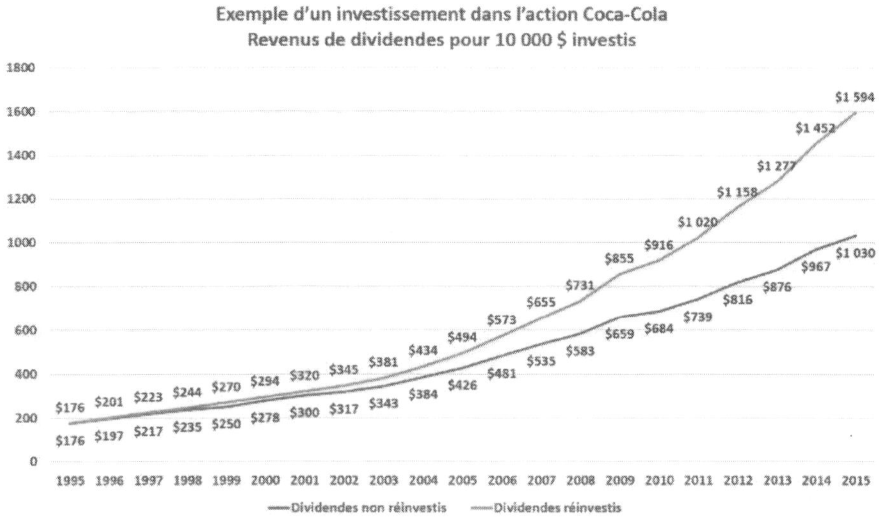

On constate ainsi dans cet exemple que :

• Les revenus générés par le réinvestissement des dividendes sont 1,55 fois plus importants que sans le réinvestissement des dividendes (+55%).

• On obtient un « rendement sur coût d'acquisition « de 10% dans le cas de dividendes non réinvestis et de près de 16% dans le cas de dividendes réinvestis.

Vous comprenez ainsi pourquoi, après avoir accumulé des actions Coca-Cola depuis 1984, Warren Buffet a aujourd'hui un » rendement sur coût d'acquisition » de plus de 30% !

Comme vous pouvez le voir, avec un réinvestissement systématique du dividende en actions, votre montant de dividende de 176 $ par an se transforme en 20 ans en un revenu de près de 1 600 $ (+806% = x 9) !

A ce stade, permettez-moi ici de faire remarquer :

• D'abord que les chiffres fournis ici s'appuient sur une situation réelle d'un investissement de 10 000 $ en 1995 dans les actions Coca-Cola (sans autre apport durant la période).

• Que cette simulation inclut 2 crises boursières majeures (2000-2001 et 2008-2009) et que, même dans ces périodes, l'action Coca-Cola a continué à augmenter ses dividendes.

• Que les chiffres fournis ici ne prennent pas en compte les impôts, taxes et frais divers. Nous verrons cet aspect dans le chapitre suivant.

• Que cette multiplication des revenus par 9 a été réalisée alors que le cours de l'action Coca-Cola n'a été multiplié « que » par 3,3 dans le même temps.

• Que l'action Coca-Cola n'a pas particulièrement bien « performé » sur cette période puisqu'elle a une performance inférieure au marché américain (l'indice S&P 500 a été multiplié par 4,5 sur cette période).

• Que cette multiplication des revenus s'est accompagnée, sur la période, d'une augmentation du capital de départ de + 234% (dans le cas des dividendes non réinvestis – soit une multiplication par 3,3 du capital) et de + 427% (dans le cas des dividendes réinvestis – soit une multiplication par 5,2 du capital). On a donc un double « effet Kiss Cool » d'augmentation des revenus ET de la valeur de son placement !

• Que l'exemple ci-dessus sert à présenter le fonctionnement et « l'effet boule de neige » de l'investissement dans les dividendes croissants. Il convient de garder à l'esprit que les résultats ci-dessus peuvent différer grandement (à la hausse comme à la baisse) selon la période considérée et les actions choisies. A ce titre, l'exemple de l'action Coca-Cola n'a pas été donné ici comme un conseil d'achat mais comme une illustration de l'investissement dans les dividendes croissants.

D'autres actions à considérer

Si les « Dividend Aristocrats » constituent une sélection intéressante et pertinente d'actions à dividendes croissants permettant de bénéficier de « l'effet boule de neige » des intérêts composés, je vous rappelle néanmoins que sa composition varie d'année en année.

Cela signifie concrètement que vous n'avez aucune garantie que toutes les actions « Dividend Aristocrats » continueront à l'avenir d'augmenter leurs dividendes.

Ce qui veut dire que vous devez être sélectif dans votre choix. A titre d'exemple, une ancienne « Dividend Aristocrat » comme l'action General Electric est sortie de la liste en 2008 suite à la crise financière car elle a non seulement pas augmenté son dividende mais l'a même baissé drastiquement de - 63% entre 2008 et 2010 (même si elle a recommencé à l'augmenter depuis 2010).

Pour vous donner la mesure de ce « risque » de baisse de dividende parmi les «Dividend Aristocrats » américains, sachez qu'il ne restait en 2016 que 7 actions qui composait la liste en 1989[43]

---

[43] Voir : https://seekingalpha.com/article/3793856-dividend-growth-investors-beware-7-stocks-aristocrats-every-year-since-1989

! On peut d'ailleurs les considérer comme les meilleures «Dividend Aristocrats » américaines. Il s'agit de **Dover Corp**, **Emerson Electric**, **Johnson & Johnson** (vous savez, les nettoyants ménagers M.Propre !), **The Coca-Cola Company** (qui ne vend pas que du Coca !), **Lowe's** (c'est beau l'Amour -mauvais jeu de mots !) , **3M** (vous savez, les "Post-it", c'est eux), **Procter & Gamble** (la lessive, ça rapporte !).

A ce titre, une étude du site SureDividend.com[44] a montré que l'historique d'augmentation des dividendes est un critère décisif pour apprécier le « risque » de baisse, de coupure ou de fin de l'augmentation annuelle des dividendes versés.

Le tableau ci-dessous montre que les « Dividend Aristocrats » ont une probabilité beaucoup plus forte que les « Dividend Champions » de maintenir leur croissance annuelle du dividende.

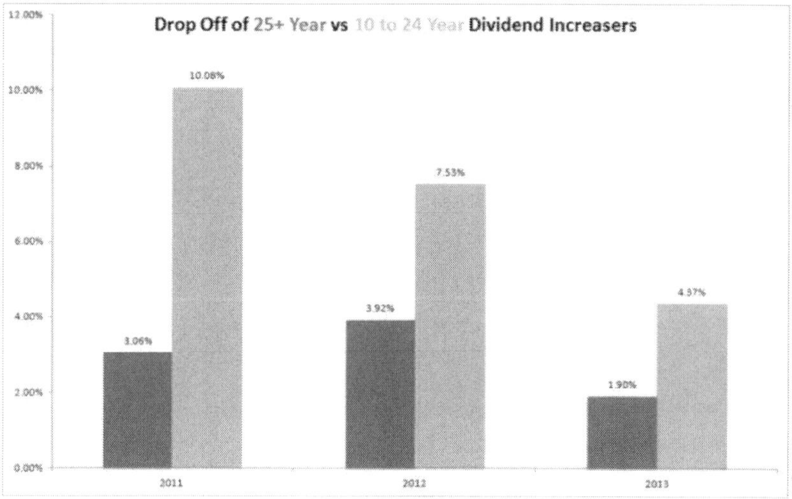

[44] Voir ici : http://divhut.com/dividend-history-matters-investing-dividend-stocks/

Autrement dit, plus l'historique d'augmentation des dividendes est élevé, plus la probabilité que cette augmentation continue est élevée.

A ce titre, les « Dividend Kings », qui présentent un historique d'augmentation extrêmement long (plus de 50 ans) constituent une alternative intéressante aux «Dividend Aristocrats » pour « sécuriser » son investissement dans les actions à dividendes croissants.

D'autre part, je voudrais bien préciser que les « Dividend Aristocrats » ne sont pas, à mes yeux, les seules et uniques actions à dividendes intéressantes pour générer des revenus de dividendes.

D'ailleurs, comme vous pourrez le constater en téléchargeant mon portefeuille boursier[45], elles ne font pas partie de mon portefeuille (même si certaines d'entre elles en ont fait partie au début de mes investissements dans les dividendes).

Car, outre le fait qu'elles ne sont pas éligibles au PEA (qui constitue 84% de mon portefeuille), il faut bien comprendre que l'important, dans le fonctionnement des dividendes croissants, est la perspective long-terme.

Autrement dit, ce qui est important, c'est la croissance sur le long-terme des dividendes et non la croissance chaque année (comme le font les « Dividend Aristocrats»). Peu importe qu'une action n'augmente pas chaque année ses dividendes, pourvu qu'elle le fasse sur le long terme !

---

[45] Voir ici : https://revenusetdividendes.com/portefeuille-bourse-revenus-et-dividendes/

Encore une fois, un exemple vaut mieux qu'un long discours ! Prenons l'exemple de l'action Total (une action que j'ai en portefeuille).

Avec un taux de croissance annuel moyen de 3,83% depuis 2005, le dividende Total a crû de plus de 51% de 2005 à 2016 !

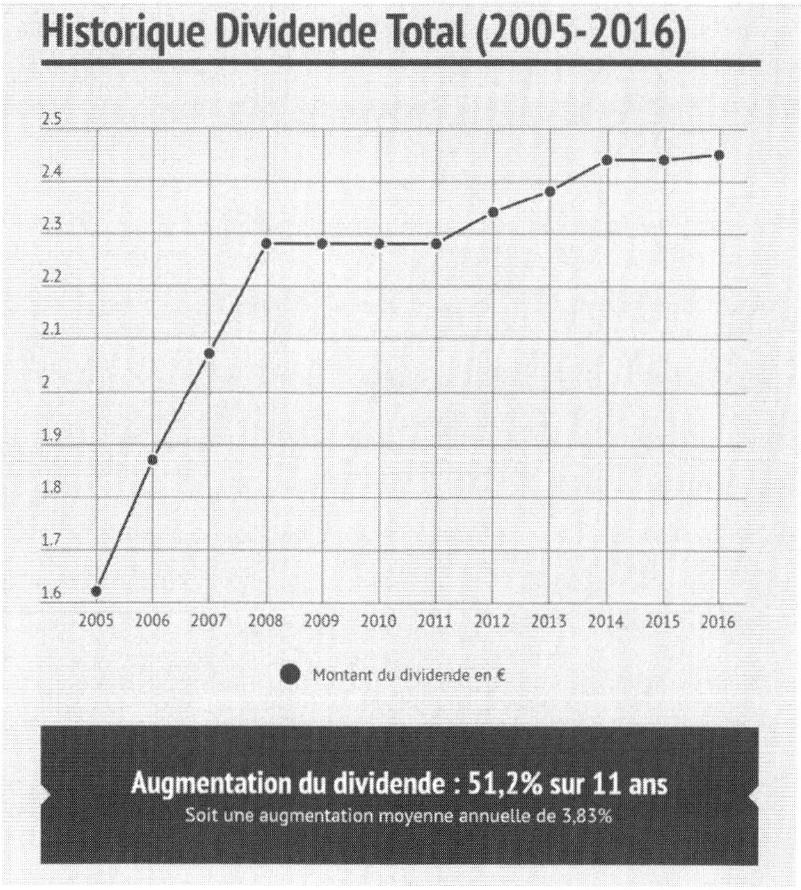

Pourtant, comme vous le voyez, cette augmentation du dividende a été faite bien que certaines années le dividende n'ait pas augmenté.

En termes de revenus, cette augmentation du dividende correspond à une multiplication des revenus de 2,3 en 10 ans (+ 126%) en prenant comme hypothèse le réinvestissement des dividendes. Pour plus de détails sur ces calculs, je vous invite à lire mon article « **Dividende Total, tout ce que vous devez savoir**[46] » sur RevenusEtDividendes.com.

J'espère que vous comprenez mieux pourquoi la croissance du dividende doit s'apprécier sur une longue période et non sur une courte période.

Cette vérité permet ainsi de s'intéresser à un choix d'actions beaucoup plus large que les « Dividend Aristocrats » (ou les « Dividend Kings »), en particulier pour les investisseurs français qui ne souhaitent pas investir sur des marchés étrangers (en raison de la complexité, de la fiscalité, etc…).

A ce titre, je fournis dans **ma méthode pour devenir rentier grâce à la Bourse**[47], une sélection d'actions françaises de qualité que vous pourrez choisir pour augmenter vos revenus de dividendes.

Réinvestir les dividendes ou pas ?

On l'a vu, réinvestir les dividendes perçus permet de démultiplier les revenus dans le temps.

Néanmoins, rien ne vous oblige à le faire. Et ce, en particulier si vous souhaitez utiliser ces dividendes pour vivre sans travailler !

---

[46] Voir : https://revenusetdividendes.com/dividende-total-tout-ce-que-vous-devez-savoir

[47] http://revenusetdividendes.com/devenir-rentier-grace-aux-dividendes/

C'est, en particulier, ce que je fais personnellement depuis août 2016. Je ne réinvestis pas mes dividendes reçus, mais je les utilise pour obtenir mon « salaire ».

Ceci faisant, je n'utilise pas « l'effet boule de neige » et l'évolution de mes revenus dépend uniquement de l'évolution du versement des dividendes des sociétés qui composent mon portefeuille.

Mais, ce n'a pas été toujours le cas. Au début de mes investissements dans les dividendes, le réinvestissement des dividendes m'a permis d'augmenter significativement mes revenus de dividendes : ils sont ainsi passés de 23 273 € annuels en 2012 à 31 833 € en 2016.

Si je retrouve une activité, je pourrai alors éventuellement reprendre le réinvestissement de mes dividendes pour multiplier mes revenus de dividendes et ainsi mieux préparer ma « retraite ».

C'est ainsi là tout l'intérêt de l'investissement dans les dividendes. À tout moment, il vous est possible de vous verser un « salaire » grâce aux dividendes reçus. C'est à vous de décider quand, comment et aussi combien de revenus complémentaires vous souhaitez disposer. Vous pouvez « prendre » tout ou partie de vos dividendes à tout moment, arrêter ou recommencer !

Libre à vous de faire ce que vous voulez avec votre « salaire » de dividendes. Pas besoin d'un patron pour décider à votre place !

Avec ce que vous avez appris ici, vous en maîtrisez toutes les implications.

Le meilleur dividende n'est pas le plus élevé

Je voudrais ici vous alerter sur un point particulièrement important si vous avez l'intention de générer des revenus réguliers avec les dividendes.

Comme nous l'avons vu ci-dessus, la croissance des dividendes est un élément essentiel pour vous assurer des revenus réguliers et en augmentation.

Et pas le niveau du rendement du dividende !

Est-ce que vous ne vous êtes jamais dit : « J'aimerais investir en Bourse, je vais juste trouver l'action qui me paie le meilleur dividende et l'acheter », et par « meilleur dividende » vous pensiez en fait « le plus gros possible » ?

Or, cette vision des choses peut être dangereuse. C'est une stratégie d'investissement à court terme qui risque de vous faire perdre à moyen terme et à long terme.

En choisissant une action à « haut rendement », vous prenez le risque que le rendement élevé cache une situation financière précaire (ou dangereuse) qui menace le versement des dividendes futurs.

Prenons un exemple concret : une action qui cotait 100 euros hier verse habituellement un dividende de 4 € tous les ans. Ce titre propose donc un rendement « normal » de 4% ce qui est correct. Le titre perd subitement 50% de sa valeur, il cote maintenant à 50 € mais verse toujours 4 euros de dividende. Le rendement du titre est donc passé à 8%! Quel rendement ! Faut-il sauter sur l'occasion ? Faut-il en racheter deux fois plus ?

Probablement pas car vous comprenez bien que, dans ce cas, la hausse du rendement s'explique par la baisse du cours de Bourse qui, à ces niveaux de baisse, sont certainement le signe d'une dégradation financière qui pourra impacter le versement du dividende futur (au mieux une baisse du dividende – donc de vos revenus – au pire une annulation du dividende).

Je suis d'autant mieux placé pour vous faire cet avertissement que j'en ai moi-même été la victime ! Car, comme beaucoup, au début, j'ai été « aveuglé » par ces titres à haut rendement. J'ai appris de ces erreurs et il est important pour moi de vous faire partager ces erreurs pour que vous les évitiez.

Ainsi, en 2011, j'ai acheté des actions Orange sur la base d'un rendement élevé et des promesses de son nouveau PDG, Stéphane Richard. Parachuté d'un poste de directeur de cabinet ministériel, il annonce à son arrivée le maintien d'un dividende à plus de 10% de rendement pour les 2 années qui suivent (le dividende se montait à l'époque à 1,40 € alors que l'action cotait environ 14 €). Incapable de comprendre et d'anticiper la concurrence de Free (bien que Free ait publiquement annoncé la couleur).

Résultat : ce même PDG annonce 6 mois plus tard des résultats en baisse et un dividende…en baisse !! Seulement 6 mois plus tard après avoir annoncé son maintien.

Bien évidemment, l'action s'est effondrée, les dividendes ont été divisés par plus de 2 (-60%) en quelques années et j'ai dû attendre 4 ans avant de retrouver mon cours d'achat. J'ai alors immédiatement revendu mes actions : on ne m'y reprendra plus !

Cette erreur m'a beaucoup, beaucoup fait réfléchir et appris sur l'investissement dans les dividendes. Elle m'a, par conséquent, permis de me perfectionner pour éviter ces erreurs par la suite.

De telles actions à « haut rendement » dangereuses existent encore aujourd'hui. J'en ai recensé quelques-unes dans mon article « **Ces actions françaises à haut rendement dont je me méfie**[48] ».

Une fois que l'on a dit cela, la question qui se pose est de savoir quel rendement peut-on considérer comme « élevé » ou « trop haut » ?

La réponse à cette question est délicate et surtout subjective. Il n'y a pas de valeur objective à cette notion de « rendement élevé ».

Si, en moyenne, les actions ont un rendement de 3%-4% (c'est la moyenne du rendement des actions du CAC 40 en 2017), on peut dire qu'un rendement supérieur pourrait être considéré comme « élevé ».

Je dirais donc qu'un rendement situé dans une fourchette de 4% à 6% constitue un rendement « élevé ». Au-delà de 6% de rendement, on peut dire que le rendement est « dangereux ».

Cela ne veut pas forcément dire que les dividendes sont nécessairement menacés (je possède plusieurs actions avec un rendement supérieur à 6% dans mon portefeuille boursier pour lesquelles je pense que le dividende n'est pas en danger), mais cela signifie que chaque cas doit être étudié attentivement pour valider la pérennité, la stabilité du dividende à court et moyen terme.

[48] Voir article : https://revenusetdividendes.com/actions-francaises-haut-rendement

En tout cas, cela signifie clairement que « le marché », c'est-à-dire les « professionnels « jugent la pérennité/stabilité du dividende en danger.

Est-ce qu'ils ont raison ? C'est à vous de décider, mais si vous considérez qu'ils ont tort (ce qui arrive régulièrement), alors vous pouvez en profiter pour acheter ces actions à « haut rendement ». Mais, dans ce cas, soyez bien conscient que vous « jouez » contre les « professionnels ». C'est ce que j'ai fait en 2016 et qui m'a permis de faire 10 fois mieux que le CAC 40[49].

Par ailleurs, outre le risque de baisse de dividende, certaines études[50] tendent à montrer que l'investissement dans les actions à « haut rendement » ont des performances boursières plus faibles.

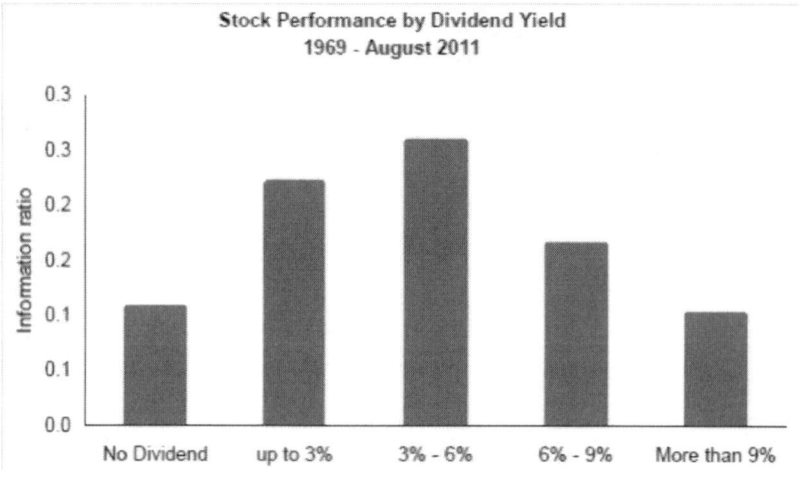

[49] Voir mon article : https://revenusetdividendes.com/performance-bourse-10-fois-mieux-cac-40-en-2016

[50] Comme celle-là : https://seekingalpha.com/article/646801-the-dividend-sweet-spot

Cette étude Morgan Stanley montre les actions ayant un rendement entre 3% et 6% ont la meilleure performance boursière. Les actions à plus de 9% de rendement auraient une performance même inférieure à celles ne versant pas de dividendes.

Sachez néanmoins (mais ce n'est pas l'objet de ce livre que de faire un « combat » d'études) que certaines études américaines sur le sujet produisent des résultats différents. Autant les études présentées dans le chapitre 3 concordent sur le sujet de la performance des actions à dividendes, autant celles sur la performance des actions à « haut rendement » sont plus controversées (en raison, notamment de la définition de « haut rendement » et son évolution dans le temps).

Que faire si les actions baissent ?

Une des questions qui revient souvent dans les commentaires sur RevenusEtDividendes.com et dans les mails que je reçois est la suivante : « *c'est bien de gagner un salaire grâce aux dividendes, mais à quoi cela sert-il si, dans le même temps, les actions baissent ? Ce que vous avez gagné d'un côté (les revenus), vous le perdez dans l'autre (le capital) !* ».

Si beaucoup de gens se posent cette question, je suppose que vous aussi devez-vous la poser ! C'est pourquoi je souhaite évoquer ce point d'interrogation ici.

J'espère que l'exposé ci-dessus vous aura permis, en grande partie, d'avoir trouvé les réponses à cette objection classique.

Pour résumer, je dirais :

• Tout d'abord, que, certes, l'investissement dans les actions à dividendes n'est pas exempt des risques de baisse des cours de Bourse à court terme mais qu'à long terme **la Bourse n'est pas risquée**[51]. C'est un point important que je vous invite à suivre : investissez avant tout sur le long terme pour éviter les risques.

• Ensuite, comme je l'ai exposé ci-dessus, en investissant dans les actions à dividendes croissants, vous investissez dans les meilleures actions qui surperforment les autres actions. Vous limitez donc encore les « risques ». Psychologiquement, cet aspect est très important dans la gestion d'un portefeuille boursier. Car, en investissant dans les actions à dividendes croissants, comme je l'ai évoqué dans le chapitre précédent, la « volatilité » est plus faible, ce qui signifie que les baisses de cours observées pendant les crises boursières sont plus faibles. Il est quand même moins désespérant de voir son cours de Bourse baisser de 20% plutôt que de 40% - 50% !

• Notons aussi que le versement des dividendes (et le réinvestissement de ceux-ci) est un excellent « amortisseur » des chocs boursiers. Car, en recevant vos dividendes, vous bénéficiez d'un apport d'argent frais (de « cash ») qui non seulement amortit les baisses de cours (en augmentant votre valeur du portefeuille à hauteur du rendement versé), mais aussi vous permet de réinvestir l'argent reçu à un rendement plus élevé (donc en générant des revenus plus élevés). Ainsi, dans l'exemple de l'investissement dans l'action Coca-Cola ci-dessus, la baisse des cours a permis de « booster » les revenus de dividendes (le graphique montre d'ailleurs clairement une accélération de l'augmentation des revenus de dividendes après la crise de 2008-2009).

[51] Voir mon article à ce sujet : https://revenusetdividendes.com/risque-investir-bourse

• Enfin, si, comme moi, l'investissement dans les dividendes est pour vous un moyen de gagner votre « salaire », la question de la moins-value éventuelle est une question secondaire. L'objectif principal est de générer des revenus réguliers (et si possible en croissance). C'est d'ailleurs étonnant de voir que cette question initiale est toujours posée dans le cadre de la Bourse et jamais dans le cadre d'un investissement d'immobilier locatif ! La raison est que, d'abord l'immobilier n'est pas coté en temps réel (contrairement aux actions) et que, d'autre part, l'immobilier jouit d'un a priori non fondé de placement « sûr » et « non risqué ».

Les actions à dividendes mensuels

Je ne voudrais pas clôturer ce chapitre sur les dividendes comme moyen de générer un revenu sans parler des actions à dividendes mensuels.

Des sociétés qui vous versent des dividendes chaque mois ? Vous en rêvez ? Et bien, les entreprises qui vous versent un dividende chaque mois, ça existe !!

Je peux vous dire que c'est vraiment agréable de recevoir chaque mois sur son compte des dividendes ! J'en avais d'ailleurs dans mon portefeuille boursier jusqu'à récemment (voir mon portefeuille boursier de janvier 2017 avec l'action Prospect Capital[52]).

Comme un emploi vous offre un salaire chaque mois, investir dans les dividendes peut vous rapporter un revenu de dividende chaque mois.

[52] https://revenusetdividendes.com/mon-salaire-de-dividendes-2016

Où trouve-t-on ces sociétés ? Pas en France, pas en Europe, mais en Amérique du Nord (Etats-Unis et Canada).

Les actions à dividendes mensuels sont d'ailleurs assez nombreuses puisqu'on en dénombre plus de 100 (même si, rapporté au nombre total d'actions cotées, ce chiffre est très faible). Le taux de rendement (brut) de ces actions varie de 1% à plus de 10% !

On trouve aussi, aux Etats-Unis, environ 700 fonds et 190 « trackers/ETF à dividendes » qui versent des revenus chaque mois. La plupart, néanmoins, ne sont pas des fonds d'actions mais plutôt des fonds obligataires. On parlerait plutôt, dans ce cas, de « coupons » obligataires.

Acheter une action à dividende mensuel, c'est choisir d'avoir un revenu mensuel grâce à votre investissement boursier !

Vous pouvez télécharger gratuitement la liste des actions américaines à dividendes mensuels sur RevenusEtDividendes.com (classées par ordre décroissant de rendement)[53].

Et, le plus beau, c'est que certaines de ces sociétés font partie des meilleures actions à dividendes croissants comme les « Dividend Aristocrats » ou les « Dividend Achievers ». Je vous en ai donné un exemple dans mon article sur cette Action en Dividendes en Or.

Outre leur régularité de versement, quel est l'intérêt de l'investissement dans les actions à dividendes mensuels ? Voici 5 raisons :

---

[53] Ici : http://revenusetdividendes.com/gagner-un-revenu-mensuel-grace-aux-actions-a-dividendes-mensuels

Raison 1 : des revenus qui s'ajustent à votre rythme de dépenses

Je ne sais pas pour vous, mais moi j'ai des dépenses chaque mois !

Je paie mes factures (loyers, électricité, alimentation, loisirs, etc…) chaque mois. Pas chaque année ou chaque trimestre !

Par conséquent, recevoir mes dividendes chaque mois correspond parfaitement au rythme de dépenses de chacun.

Recevoir un revenu de dividende mensuel facilite la gestion financière au quotidien. Pas besoin de faire de prévisions de trésorerie en attendant les dividendes annuels, comme c'est le cas avec la plupart des sociétés françaises.

Certes, quelques sociétés françaises versent un dividende trimestriel. Mais, c'est encore mieux quand on reçoit ses dividendes chaque mois.

Raison 2 : les actions à dividendes mensuels rapportent plus

En termes de performance, il est plus rentable de recevoir un même dividende sur une base mensuelle qu'annualisée.

Pourquoi ?

Pourquoi une action qui verse 1,2 euro de dividendes une fois par an vous rapporte moins qu'une action qui vous verse 0,1 euros chaque mois ?

Réponse : parce qu'on peut réinvestir plus souvent les dividendes !

Ainsi, une action à 5% de rendement annuel verra son taux de rendement augmenter de 2,32% si les dividendes sont versés chaque mois (en prenant pour hypothèse que le réinvestissement des dividendes se fasse au même taux constant de 5% chaque mois). Le taux effectif annuel passe ainsi de 5% à 5,116%.

Comme le montre le tableau ci-dessous, l'augmentation du taux de rendement est exponentielle. Autrement dit, plus le taux initial est élevé, plus l'augmentation est importante.

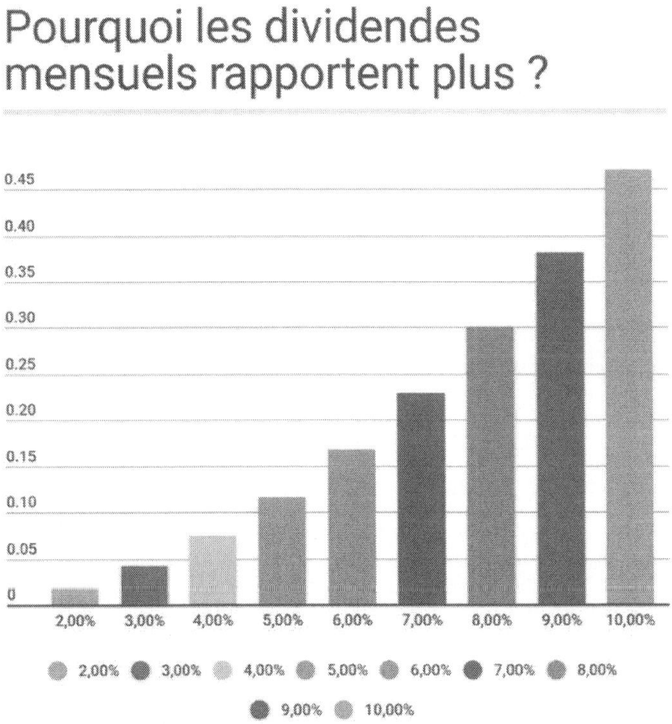

Augmentation du taux de rendement d'une action à dividende mensuel par rapport à une action à dividende annuel en fonction du taux de rendement initial (dividendes réinvestis, hors frais)

Cette différence peut paraître minime, mais sur un investissement de 100 000 €, cela correspond à une augmentation annuelle de revenus de 3 600 € sur 20 ans (avec une hypothèse de rendement initial de 8%) !

Notons que le calcul est toutefois « théorique » car il faut tenir compte des frais de courtage qui sont proportionnellement plus élevés sur le réinvestissement mensuel (puisque le montant engagé est plus faible) ainsi que du frottement fiscal lié à l'imposition sur les dividendes perçus (américains).

Ces deux éléments ne changent néanmoins rien au principe énoncé.

Même si, dans la pratique, ces frais et taxes viennent « rogner » l'intérêt du réinvestissement mensuel pour des ordres d'un montant faible, notons que ces frais/taxes peuvent être compensés par le choix d'actions à dividendes mensuelles et versant des dividendes croissants (non pris en en compte dans les calculs ci-dessus).

Raison 3 : moins de volatilité

Avec une distribution annuelle, vous ne disposez de votre argent (dividende) qu'une fois par an. Vos occasions de réinvestir vos dividendes sont donc limitées.

Avec un dividende mensuel, vous pouvez réinvestir vos dividendes en actions 12 fois par an.

En procédant ainsi, vous pouvez faire des investissements progressifs. Le fait d'acheter régulièrement lisse l'incertitude de trouver le « bon » prix d'achat. Cela s'apparente à des achats d'actions programmés et permet de limiter la volatilité de votre portefeuille.

Raison 4 : une visibilité accrue

Ce point est peut-être, à mes yeux, le point le plus intéressant concernant ces actions à dividendes mensuels.

Les sociétés qui versent des dividendes mensuels ont également la particularité de communiquer sur leur politique dividende de manière non seulement plus régulière que les autres sociétés mais, en plus, elles communiquent les versements de dividendes en avance.

Typiquement, les sociétés à dividendes mensuels annoncent chaque trimestre le montant des dividendes qu'elles verseront dans les 3 prochains mois.

A titre d'exemple, voici le calendrier d'annonce des dividendes pour une société à dividendes mensuels. Vous voyez clairement le montant des dividendes qui seront versés pour les prochains mois !

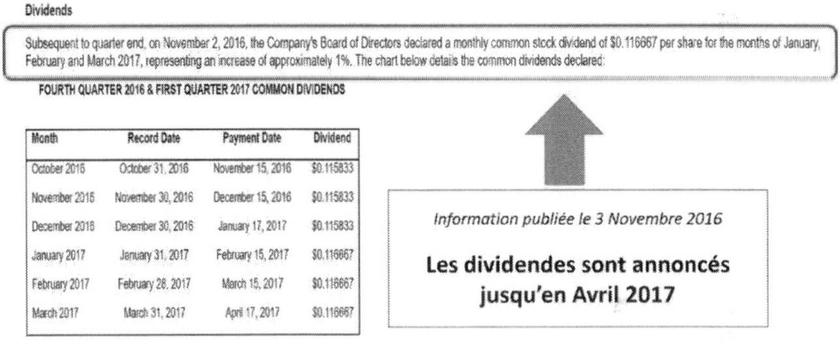
Dividends

Subsequent to quarter end, on November 2, 2016, the Company's Board of Directors declared a monthly common stock dividend of $0.116667 per share for the months of January, February and March 2017, representing an increase of approximately 1%. The chart below details the common dividends declared:

FOURTH QUARTER 2016 & FIRST QUARTER 2017 COMMON DIVIDENDS

Month	Record Date	Payment Date	Dividend
October 2016	October 31, 2016	November 15, 2016	$0.115833
November 2016	November 30, 2016	December 15, 2016	$0.115833
December 2016	December 30, 2016	January 17, 2017	$0.115833
January 2017	January 31, 2017	February 15, 2017	$0.116667
February 2017	February 28, 2017	March 15, 2017	$0.116667
March 2017	March 31, 2017	April 17, 2017	$0.116667

Cela apporte aux investisseurs de la visibilité sur le dividende.

En effet, la communication sur le montant des dividendes à verser est l'occasion pour les dirigeants de faire un point régulier sur leur activité et donc d'avoir des indications régulières permettant d'anticiper les évolutions du dividende.

En cas de modification (à la hausse ou à la baisse) du montant du dividende, cette information permet de réagir et d'ajuster son portefeuille en conséquence plusieurs fois dans l'année.

Qui n'a pas connu la déception d'un investissement dans une action pour laquelle on avait une prévision qui s'est avérée fausse et qu'on a conservé malencontreusement une année ? J'en ai fait moi-même les frais plusieurs fois !!

Raison 5 : un tien vaut mieux que deux tu l'auras

Enfin, en cas de modification (à la hausse ou à la baisse) du montant du dividende, le fait que les dividendes soient versés chaque mois permet « d'amortir » (à la hausse ou à la baisse) les revenus de dividendes.

Cet aspect est particulièrement important en cas de baisse du dividende. Ayant reçu des dividendes en amont de l'annonce, la baisse est ainsi atténuée. C'est le principe du « un tien vaut mieux que deux tu l'auras ».

Vous l'aurez compris, investir dans les actions à dividendes mensuels présente de nombreux avantages. Vous pouvez télécharger la liste des actions à dividendes mensuels en accès libre[54].

Les trackers/ETF, les fonds et les actions préférentielles

Les trackers/ETF de dividendes

[54] Ici : http://revenusetdividendes.com/gagner-un-revenu-mensuel-grace-aux-actions-a-dividendes-mensuels

Si je vous ai présenté dans le chapitre précédent les trackers/ETF et que j'ai montré leur intérêt dans un objectif de valorisation de son portefeuille, intéressons-nous maintenant à ceux-ci dans la perspective de génération de revenus.

Si nous avons vu précédemment les trackers/ETF américains, Euronext Paris donne accès à 6 trackers/ETF (en euros) de dividendes qui permettent d'investir dans les actions à dividendes européennes.

Vous trouverez sur mon site ma **sélection des 7 meilleurs trackers/ETF en euros disponibles sur le marché français** (avec, pour chaque ETF/Tracker, son rendement)[55].

Dans une perspective de génération de revenus, les trackers/ETF présentent, à mes yeux, des inconvénients majeurs et c'est pour ces raisons que je n'en possède pas dans mon portefeuille boursier.

Plusieurs raisons me poussent aujourd'hui à ne pas investir dans ces «instruments» :

1. Tout d'abord, le manque de transparence sur le versement des dividendes.

Si vous souhaitez connaître l'historique de versement des dividendes, je vous souhaite bonne chance ! Je trouve cela même à la limite de la « désinformation ».

Quand vous investissez comme moi dans les dividendes pour gagner votre salaire, la performance passée de vos investissements

[55] Ici : https://revenusetdividendes.com/liste-meilleurs-trackers-etf-dividendes

est un critère important de sélection de mes actions. L'idée pour moi est ici de connaître l'évolution des dividendes versés pour mieux appréhender/juger mon investissement.

Or, dans ce domaine, les sociétés de gestion sont particulièrement opaques. Et de ce côté-là, la société française Amundi (filiale du Crédit Agricole – par ailleurs « leader européen » de la gestion d'actif) se distingue par son manque d'information. C'est totalement scandaleux ! Si j'ai réussi (après des heures de recherche) à trouver l'information du dernier dividende versé, je n'ai pas réussi à en trouver l'historique.

La société Lyxor (groupe Société Générale) est bien plus transparente sur ce point et j'ai remarqué qu'elle a fait de gros progrès depuis quelques années. Quant aux autres sociétés de gestion de ces ETF/trackers, ce n'est pas fameux (pas facile à trouver, mais à force de persévérance, on y arrive).

Le sentiment qui ressort de ce manque de transparence est que, ce type d'information (pourtant fondamentale) est réservée aux « gros » investisseurs. Nous, « petits » investisseurs individuels ne devont rien comprendre à ce type de choses, réservée aux « pros ». Une constante chez ces gérants de fonds (j'y reviendrai dans plusieurs futurs articles pour dire tout le mal que je pense de ces voleurs !).

Un comble quand même que ce « foutage de gueule » quand on sait qu'ils prélèvent des frais/commissions non négligeables (de 0,25% à 0,40% comme indiqué dans le tableau ci-dessus). Alors que les sociétés, elles, non seulement fournissent (de manière générale) une information complète sur leur historique de dividende et sans avoir rien à payer !!

Bref, cette opacité rend difficile pour moi mon travail d'évaluation de l'investissement dans ces ETF/trackers. Même s'il ne m'empêche pas de faire ce travail, il est très fastidueux et, comparé à l'investissement dans les actions à dividendes, clairement plus difficile !

2.Une absence de visibilité sur le dividende

Par ailleurs, le propre de ces trackers étant d'investir dans un panier (plus ou moins large) d'actions, il est quasiment impossible d'avoir une vision sur le dividende. Pour ce faire, il faudrait analyser chaque action qui compose l'indice et faire une estimation pondérée du poids de chaque action dans l'indice.

Une tâche d'autant plus difficile que la composition de l'indice (et le poids de chaque action) varie régulièrement et que, là encore, l'information de cette variation n'est pas fournie par les gérants (ils dépendent d'ailleurs des « indices de références » qui sont gérés par d'autres intervenants, eux non plus peu transparents).

Contrairement aux actions (en tout cas celles que je sélectionne) qui donnent des informations financières régulièrement et qui ainsi permettent d'avoir des éléments permettant de faire un travail d'anticipation sur le dividende, les trackers/ETF ne le permettent pas.

Bref, on est, avec les trackers/ETF, dans le « flou ».

• Des objectifs d'investissements essentiellement axés sur le rendement.

Les trackers/ETF investissent tous (c'est leur raison d'être d'ailleurs) en suivant un indice particulier. Dans le cas des trackers/ETF de dividendes, ils investissent dans des indices qui suivent des actions de « rendement ».

Concrètement, leurs prospectus permettent de connaître précisément l'indice qu'ils suivent.

Ainsi :

• « *Le Compartiment cherche à répliquer la performance d'un indice composé de 30 actions avec les meilleurs rendements de dividende choisies parmi des sociétés de pays de la zone euro (Dow Jones EURO STOXX Select Dividend® 30 Index (€)* » pour le tracker iShares Euro Dividend UCITS ETF.

• « *L'objectif de gestion du Fonds est de répliquer, le plus fidèlement possible, la performance en euro de l'Indice de stratégie « MSCI EMU High Dividend Yield* » pour le tracker AMUNDI ETF MSCI EMU HIGH DIVIDEND UCITS ETF.

A vous donc de comprendre, connaître chaque indice pour savoir ce que vous achetez lorsque vous achetez de tels ETF/trackers.

Globalement, et pour synthétiser, ces ETF investissent dans des actions à « haut rendement » européennes. Ils privilégient donc la recherche du rendement « élevé ».

Or, comme expliqué plus haut, cette stratégie est, à mes yeux, dangereuse. Et, en tout cas, elle ne correspond pas à mon objectif d'investissement.

3.Une pérennité du rendement non assurée

Car, comme vous le savez, ma priorité est la stabilité et la pérennité du dividende.

Dans ce cadre-là, les trackers/ETF ne me donnent aucune assurance. C'est d'ailleurs normal puisque ce n'est pas leur objectif !

Voici, à titre d'exemple, l'évolution du dividende du tracker Lyxor UCITS ETF Stoxx Europe Select Dividend 30 (EUR) :

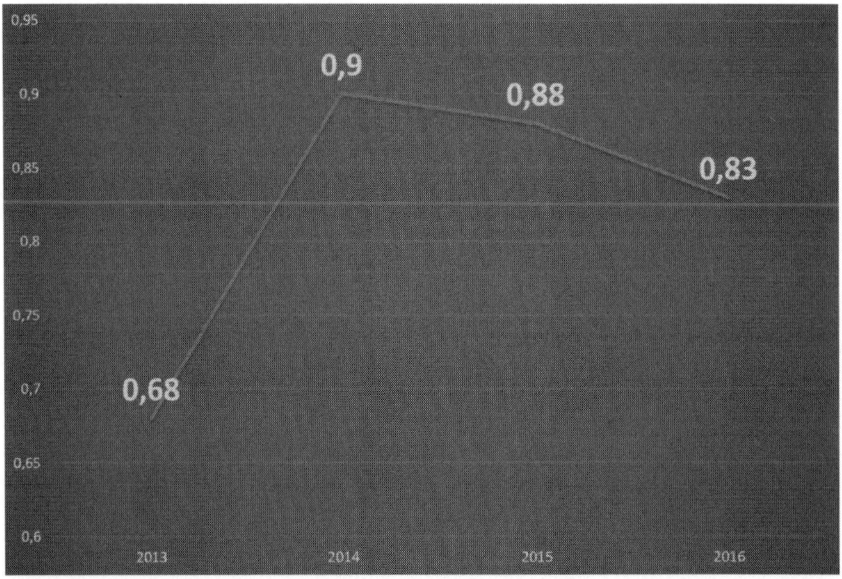

Pas vraiment un modèle de stabilité du dividende !

4.Un rendement trop faible

Comble de « l'ironie » (ou de « l'arnaque », comme vous voudrez), ces trackers/ETF à « haut rendement » ont des rendements (que je considère) faibles !

En cette fin Janvier 2017, le tracker au rendement le plus élevé a un rendement de 5,26%. Assez loin de mon rendement de portefeuille de 6,5% (voir mon salaire de dividendes 2016[56]).

5.Des frais plus élevés que l'achat d'actions en direct

A ces inconvénients s'ajoute des frais de gestion annuels sur le montant investi de 0,25% à 0,40% qui ne s'appliquent pas lorsque vous investissez directement dans les actions.

Attention, néanmoins, je ne dis pas que c'est un mauvais investissement.

Mais je dis plutôt que c'est un investissement qui, dans une optique de génération de revenus, a plus d'inconvénients que d'avantages.

Les fonds (SICAV/FCP)

Comme nous l'avons vu précédemment, certains fonds (SICAV/FCP) offrent aussi une alternative aux actions pour investir dans les dividendes.

La différence avec les trackers/ETF réside dans leur mode de gestion dite (en théorie) « active » que « passive ». Concrètement, cela veut dire qu'au lieu de suivre un indice comme les trackers, ces fonds sont gérés par des « gérants professionnels » qui choisissent eux-mêmes les actions en fonction de leurs objectifs.

A mes yeux, ces fonds souffrent des mêmes inconvénients que les trackers/ETF avec, en plus les points suivants :

---

[56] https://revenusetdividendes.com/mon-salaire-de-dividendes-2016

• Des frais élevés

Alors que les trackers/ETF ont des frais « faibles » (même si je considère qu'ils sont trop élevés par rapport à un investissement en direct), les fonds se caractérisent par des frais de gestion de 5 à 20 fois plus élevés (de l'ordre de 1% à 2% par an) ! Ces frais « rognent » ainsi de manière importante la performance ou le rendement de votre investissement de manière très importante.

• Encore plus que les trackers/ETF, la transparence des informations est faible (en particulier pour connaître l'historique des dividendes) et la visibilité inexistante.

• A cela s'ajoute un problème assez courant lorsqu'on recherche de tels fonds. Si beaucoup de fonds s'affublent du vocable de « rendement » ou de « dividendes », dans la pratique certains d'entre eux ne versent pas de dividendes (on dit que ce sont des fonds de « capitalisation »). Par exemple, le fonds (FCP) « Tocqueville Dividende « ne verse pas de dividendes ! Et il en existe beaucoup d'autres comme celui-là.

• Enfin, les objectifs de gestion sont nébuleux, vagues, voire « pompeux ». Voici un exemple : « L'objectif de gestion du FCP est de sélectionner des valeurs européennes que la société de gestion juge capables de distribuer des dividendes élevés et réguliers, sans contrainte liée à un indice, tout en cherchant à réduire la volatilité du portefeuille ». Avec cela, allez savoir combien vous allez recevoir de montant de dividendes ! Alors que si vous achetez une action Coca-Cola, vous avez clairement une visibilité plus forte (la question est de savoir de combien elle va augmenter son dividende : +8%, +9%, +10%) !

Les actions préférentielles américaines

Bien mieux que les trackers/ETF ou les fonds, à mes yeux, il existe une catégorie beaucoup plus intéressante : ce sont les actions préférentielles. J'en possède d'ailleurs dans mon portefeuille boursier.

Ce type d'actions (malheureusement disponibles qu'aux Etats-Unis) sont des valeurs hybrides, à mi-chemin entre les actions et les obligations.

Elles ont le grand mérite de verser un montant de dividende « garantit » et connu à l'avance sur plusieurs années.

Cette « garantie » est assortie néanmoins de contraintes et de « risques » spécifiques, notamment sur la sensibilité aux taux d'intérêts.

Je ne vais pas entrer dans les détails sur ce type d'actions ici en raison de la nature plutôt complexe de ce type d'actions mais vous pouvez en apprendre plus en téléchargeant **mon guide des actions préférentielles sur RevenusEtDividendes.com[57].**

Prenez en compte la fiscalité

Avant de finir ce (long) chapitre, je voudrais rappeler que les éléments chiffrés donnés ci-dessus n'intègrent pas la fiscalité des dividendes.

[57] Ici : https://revenusetdividendes.com/guides/les-actions-preferentielles-americaines-le-guide/

La raison est que celle-ci est, dans la plupart des cas, personnelle et qu'elle s'applique donc différemment selon chacun (mêmes si, dans le cas du PEA, ce n'est pas le cas).

L'impact de la fiscalité doit être bien appréhendée pour investir dans les dividendes. Et surtout, je vous invite à l'optimiser !

C'est ce que nous allons voir maintenant.

Partie 5 : Quelle fiscalité pour les dividendes ?

Partie 5 :
Quelle fiscalité pour les dividendes ?

Dans cette partie, nous allons détailler la fiscalité des dividendes et voir quel est le meilleur cadre fiscal pour investir dans les dividendes.

Nous allons voir les 3 cadres dans lesquels vous pouvez investir dans les dividendes : le PEA, le compte-titres et l'assurance-vie.

Plutôt que des discours théoriques (généralement incompréhensibles), je vais ici illustrer mon propos en prenant des exemples concrets issus de ma gestion personnelle de mon portefeuille boursier. Je vais ici vous montrer en détail les calculs mais aussi comment remplir votre déclaration de revenus.

Bref, il ne s'agit non pas ici d'un exposé théorique, mais pratique, m'appuyant de cas réels.

Je précise que les informations fournies ici s'appliquent à un contribuable français et prennent en compte la fiscalité française à la date de rédaction de ce livre (Avril 2019). Je vous invite à vous tenir informé des éventuelles et futures évolutions en ce domaine, le gouvernement français étant le champion du monde de l'instabilité fiscale.

La fiscalité des dividendes dans un PEA

Le PEA (Plan d'Epargne en Actions) est une « enveloppe fiscale » (comme le Livret A, par exemple) créée pour favoriser l'investissement boursier des Français. Il a été mis en place en 1991 par le gouvernement Beregovoy (pour ceux qui s'en souviennent).

Comme vous allez le voir, la fiscalité des dividendes dans un PEA est particulièrement attractive. Le PEA est d'ailleurs, à cet égard et à juste titre, considéré comme un « paradis fiscal ».

Le PEA présente l'avantage d'être (relativement) simple pour gérer son argent et (relativement) peu taxé (même si, nous allons le voir, cela est de moins en moins vrai).

Les principaux avantages du PEA sont :

• D'abord, le PEA ne subit aucune imposition sur le revenu. Je dis bien aucune. Rien, nada, kein, etc…

• Ensuite, tant que vous ne faites aucun retrait de votre PEA, aucune taxe ni cotisations diverses n'est appliquée. Le point important ici est bien : « tant que vous ne faites aucun retrait d'argent de votre PEA ».

C'est, d'ailleurs, à mes yeux, le principal intérêt du PEA. Ce point est rarement mis en avant, mais il permet de gérer son portefeuille en franchise d'impôt, de taxes et de cotisations. Sans se soucier, en particulier, des implications fiscales de ses achats/ventes d'actions (contrairement au compte-titre, par exemple).

• Les taxes et cotisations qui s'appliquent au retrait d'argent de votre PEA sur votre compte personnel sont aujourd'hui encore (relativement) faibles.

• Enfin, les taxes et cotisations ne s'appliquent pas toujours. Dans certaines conditions, le retrait d'argent du PEA ne subit aucune taxe/cotisation (même si la condition de cette franchise de taxe n'est pas forcément souhaitable, comme nous allons le voir).

Pour bien comprendre le fonctionnement du PEA, nous allons prendre l'exemple d'un versement de dividende d'actions et voir comment ce dividende est « taxé ».

Les dividendes bénéficient d'une « franchise » d'impôt et de taxes au moment de leur versement.

Contrairement au compte-titres ordinaire, vous ne payez ni impôt, ni taxe diverse (cotisation, prélèvements sociaux) au moment du versement de dividende d'une action. Autrement dit, le dividende brut (versé par la société) correspond au dividende net que vous recevez sur votre compte PEA.

Ainsi, à titre d'exemple, voici mon relevé d'opération du dividende Société Générale du 27 mai 2016. Comme vous le voyez, ayant 435 actions en portefeuille dans mon PEA, le dividende brut de 2 € par action versé par la Société Générale m'a été crédité intégralement sur mon compte PEA (soit 870 €).

Date	Désignation	Débit (€)	Crédit (€)
27/05/2016	COUPONS FR0000130809 SOCIETE GENERALE QUANTITE : 435 [illegible] +2,00000 BRUT : +870,00 COMMISSION : +0,00 CRED. IMPOT : +0,00		870,00

Les dividendes sont versés sur le compte liquidités au sein de l'enveloppe PEA. Ils pourront alors être conservés sous forme d'espèces ou réinvestis.

On appelle cette non-imposition à la source une « franchise ». Elle vous permet de réinvestir le montant de vos dividendes perçus sans aucune imposition ni taxation, ce qui constitue, à mes yeux, un des principal atout du PEA.

Autrement dit, tant que vous ne retirez pas de liquidité/d'argent de votre PEA, vous n'avez aucun impôt ni taxe diverse sur le montant des dividendes que vous recevez.

La fiscalité des dividendes au moment du retrait

S'ils ne subissent aucune taxe au moment de leur versement sur votre PEA, les dividendes sont « taxés » au moment de leur retrait :

• Ils sont « taxés » mais non « imposés ». Cela signifie que ce que vous payez, ce sont des « prélèvements sociaux » et non un « impôt sur le revenu ».

• Cette « taxation » n'existe néanmoins pas dans tous les cas.

Quand on parle de « retrait », on parle bien du cas où vous souhaitez transférer l'argent de votre PEA sur votre compte bancaire personnel (comme vous pourriez le faire lors d'un transfert de votre argent du Livret A à votre compte bancaire personnel). Comme évoqué ci-dessus, le fait de recevoir des dividendes sur votre PEA ne constitue pas un « retrait ». Le « retrait » constitue une démarche spécifique à effectuer auprès de l'organisme dans lequel vous avez votre PEA (courtier, banque, assurance, etc...).

Si, donc, vous retirez vos dividendes sur votre compte bancaire personnel, vous serez « taxé » (dans le cas d'un PEA ouvert il y a plus de 5 ans – voir plus loin) qu'à une seule condition : que votre PEA soit en « plus-value ». Autrement dit que, au moment du retrait, l'argent que vous avez placé ait généré un « gain ».

La notion de « gain » correspond à la différence entre la valeur de votre portefeuille au moment du retrait et le montant des sommes investies. Dans ce cas, il n'est pas fait de différence entre les gains liés au cours de Bourse de vos actions et les gains liés aux dividendes reçus. Dit autrement, dans le PEA, il n'y a pas de différence de traitement « fiscal » entre les dividendes et les « plus-values ».

Ainsi, si vous avez investi 100 000 € dans votre PEA et que, au moment du retrait, votre portefeuille a une valeur totale de 120 000 €, votre « gain » (ou « plus-value latente ») se monte de 20 000 €. Vous serez donc « taxé » au moment du retrait. Encore une fois, peu importe que cette « plus-value » provienne des dividendes ou du cours de Bourse de vos actions.

Donc, concrètement, si (au bout de 5 ans) vous souhaitez retirer 1 000 € de dividende sur votre compte PEA et que votre PEA est en « moins-value », vous ne paierez rien ! Aucune taxe, aucun prélèvement social.

Certes, cette situation n'est pas forcément réjouissante car l'absence de taxe signifie que vous êtes en « moins-value » ! Mais :

• D'abord, tout le monde n'est pas forcément investi en Bourse pour « gagner des plus-values » (comme c'est mon cas). A court terme, une « moins-value » est souvent la contrepartie d'un investissement à long terme.

• Ensuite, chacun pourra « profiter » de cette situation de « moins-value » à court terme pour générer de revenus en « franchise » totale de taxes et d'impôts !

Quel est le montant de la « taxation » des prélèvements sociaux ?

Dans le cas d'un portefeuille en « plus-value » lors du retrait de vos liquidités sur votre compte bancaire personnel, le montant des prélèvements sociaux dépend de la date d'ouverture de votre PEA et du taux de prélèvements sociaux applicable au moment de la date d'achat de vos actions.

En général, les informations que vous pouvez lire à ce sujet se résument à dire que le taux de « taxes » du PEA est de 15,5% (taux de CSG en vigueur en 2017). Or, cette information est totalement erronée car :

1. Il s'applique seulement aux détenteurs de PEA ouvert après 2012. A titre d'exemple, dans mon cas (j'ai ouvert mon PEA en 2005), mon taux de prélèvements sociaux est d'environ 10,9 % !

2. Si le gouvernement augmente les « prélèvements sociaux » en 2018, le taux qui vous sera appliqué en cas de retrait restera 15,5% pour les actions achetées avant l'augmentation de la CSG (dans le cas où ces actions auraient bien été achetées après 2012).

Ce qu'il faut retenir au sujet de ce taux de taxes des prélèvements sociaux c'est que :

• Il est éminemment individuel et ne peut pas être généralisé. Dit d'une autre manière, chacun « possède » son propre taux de taxation en fonction de la date d'ouverture de son compte et de la date d'achat de ses actions.

• En conséquence, il est extrêmement difficile à connaître (ça vous étonne que notre système fiscal soit compliqué ?).

Je vais même plus loin : il est impossible de le connaître pour la plupart des cas ! Car il dépend de paramètres si complexes que pratiquement personne ne peut le calculer tout seul (je m'y suis pris à plusieurs reprises, sans succès !).

• Le calcul du taux de taxation est non seulement impossible à connaître mais, en plus, il est évolutif ! Comme il dépend de la date d'achat de vos actions et du taux applicable à ce moment, l'augmentation régulière des prélèvements sociaux depuis 20 ans rend le taux variable selon vos investissements ! Rassurez-vous (c'est une expression !!!), l'évolution se fait toujours à la hausse (en tout cas depuis 20 ans, et sincèrement, je ne vois pas la tendance s'inverser vu l'état de nos finances publiques !).

• Le taux est néanmoins toujours inférieur ou égal au taux de CSG/CRDS en vigueur au moment du retrait. Autrement dit, le taux que vous sera appliqué sera, au maximum, égal au taux de CSG/CRDS en vigueur au moment du retrait. Cela peut vous donner une « idée », une « approximation », en tout cas du taux maximal qui vous sera appliqué.

• Heureusement, le calcul du taux qui vous concerne est fait directement par votre organisme dans lequel vous avez votre PEA (courtier, banque, etc…). Les meilleurs d'entre eux vous donneront d'ailleurs l'information exacte avant le retrait par simple courrier/courriel/appel téléphonique. Dans la pratique, ceux-là se comptent sur les doigts d'une main et c'est en partie pour cette raison que **j'ai choisi Bourse Direct pour mon PEA**[58].

Toujours est-il que, en prenant l'hypothèse d'un taux de 15,5%, si vous souhaitez retirer 1 000 € de dividendes de votre compte PEA, vous subirez 155 € de prélèvements sociaux. Soit un gain net de taxes de 845 € sur votre compte bancaire personnel.

Ce qu'il faut retenir sur la fiscalité du PEA

Je voudrais ici préciser plusieurs points :

• En dehors des prélèvements sociaux (et encore, dans le cas d'un portefeuille en « plus-value » au moment du retrait), AUCUN impôt sur le revenu ne viendra s'appliquer sur le PEA. Autrement dit, les revenus de dividendes sont « non imposables » (attention, seulement dans le cas d'un PEA ouvert depuis plus de 5 ans – voir plus loin).

• Le corollaire de la non-imposition, c'est que ce revenu de dividende ne doit faire l'objet d'aucune déclaration lors de votre déclaration d'impôt. Non seulement vous n'êtes pas « imposé » sur le revenu, mais en plus, vous n'avez aucune déclaration à faire sur la déclaration de revenus. Autrement dit, vous ne le déclarez pas aux impôts (et c'est la loi, 100% légal).

---

[58] Voir mon article : https://revenusetdividendes.com/bourse-en-ligne-avis-bourse-direct-pea/

• Enfin, un autre avantage (et non des moindres) qui résulte de cette non imposition et de l'absence de déclaration de revenus, c'est que ce revenu ne rentre ni dans le calcul de votre « revenu imposable » ni dans celui de votre « revenu fiscal de référence ». Il est, en quelque sorte, « transparent » fiscalement. Ce point est rarement mis en avant dans l'information sur la fiscalité du PEA, mais il est pourtant (à mes yeux) important. Dans un cas extrême, cela signifie qu'un contribuable qui vivrait uniquement de ses revenus de dividendes dans un PEA (c'est tout à fait possible !) aurait un taux d'imposition sur le revenu de 0% !

• Je vais vous faire ici une confidence : c'est une des raisons pour lesquelles mon portefeuille d'actions dans mon PEA est si important (84% de mon portefeuille boursier). En effet, bien que le rendement de mon PEA soit très nettement inférieur à celui de mon compte-titres ordinaire (je perçois donc des revenus inférieurs en valeur relative[59]), les revenus de dividendes issus de ce PEA me permettent de « réduire » mon revenu fiscal de référence et mon revenu imposable. Cela me permet donc de bénéficier de revenus complémentaires en supportant un taux d'imposition relativement faible (TMI de 14%). Ainsi, aujourd'hui, seuls mes revenus de dividendes issus de mon compte-titres ordinaire rentrent dans le calcul de mon « revenu fiscal de référence » et non pas ceux issus de mon PEA !

• Comme je l'ai évoqué ci-dessus, le PEA permet une gestion « active » de votre portefeuille boursier PEA (c'est-à-dire des « arbitrages » d'achat/vente). Car, tant que vous laissez les actions en portefeuille dans votre PEA sans effectuer de retrait (partiel ou total), vous pouvez acheter/vendre vos actions sans subir aucune imposition ni taxe. C'est une vraie différence et un gros avantage

[59] Voir mon portefeuille : https://revenusetdividendes.com/portefeuille-bourse-revenus-et-dividendes/

par rapport au compte-titres ordinaire (où la gestion « active » de portefeuille entraîne des gains/pertes soumis à l'imposition des « plus-values » - voir plus loin).

• Le taux des prélèvements sociaux (CSG/CRDS) est encore aujourd'hui relativement faible. Au maximum, il se monte à 15,5%. Loin des taux marginaux d'imposition sur le revenu élevés (jusqu'à 45% !).

• Ce taux maximal de 15,5% devrait néanmoins (encore une fois) augmenter suite à l'élection présidentielle de 2017. On parle de 1,7% d'augmentation, portant ainsi le taux maximal à 17,2% ! Cette augmentation du taux de prélèvements sociaux est d'ailleurs une « tendance » de fond de nos différents gouvernements depuis la création du PEA. On est ainsi passé en quelques années de 0% (lors de la création du PEA en 1991) à 15,5% ! La future augmentation est donc la poursuite du mouvement engagé depuis 20 ans (la première application des prélèvements sociaux sur le PEA date de 1996) et rend, de facto, la fiscalité du PEA de moins en moins intéressante.

• Les prélèvements sociaux sont directement prélevés par l'organisme dans lequel vous possédez votre PEA qui joue alors le rôle de « percepteur d'impôt ». Vous n'avez donc aucune démarche/déclaration à faire lors de votre retrait. Petit point néanmoins à noter : faites attention lorsque vous souhaitez retirer vos dividendes sur votre compte bancaire car, selon les organismes, il faudra préciser si ce retrait est brut ou net de prélèvements sociaux.

• Sachez que, en retirant les dividendes de votre PEA après 8 ans, vous ne pourrez plus alimenter votre PEA par la suite. En effet, les premiers retraits après 8 ans de détention de PEA entraînent l'impossibilité d'alimenter son compte PEA par la suite. Il convient donc d'avoir « rempli » votre PEA (maximum 150 000 €) avant de retirer vos premiers dividendes pour bénéficier de tous les avantages du PEA.

• Le montant maximal que vous pouvez déposer sur votre PEA est de 150 000 €. Je précise bien ici que ce montant correspond au montant que vous déposez sur votre PEA. Il ne s'agit pas de la valeur maximale de votre portefeuille. Ainsi, si vous déposez 100 000 € et que vos investissements ont atteint une valeur de 200 000 € (soit une « plus-value » de 100 000 €), sachez que vous pouvez encore déposer jusqu'à 50 000 €. Car, bien que votre portefeuille « vaut » 200 000 €, vos dépôts n'ont été « que « de 100 000 €, soit un montant inférieur à la valeur autorisé de 150 000 €.

Je souhaitais préciser ici ce point car cette remarque est souvent faite sur mon site : « comment peux-tu avoir 470 000 € sur ton PEA alors qu'on ne peut déposer que 150 000 € ? ». Les 470 000 € correspondent à la valeur de mon portefeuille suite aux « plus-values » (potentielles) réalisées grâce à mes investissements d'un montant total de 150 000 €.

• Le retrait des revenus de dividendes (et, de manière générale, tout retrait) sans fermer le PEA n'est possible qu'après 8 ans.

• Avant 8 ans de détention de PEA, tout retrait (quel qu'il soit) entraînera la fermeture du PEA ! Faites très attention à ce point.

De plus, si votre PEA a moins de 5 ans, vous subirez une double imposition sur les dividendes ET les plus-values. Nous ne rentrerons pas dans ce cas complexe d'un retrait avant 5 ans car je ne vous le recommande ABSOLUMENT pas. Dans ce cas d'un PEA fermé avant 5 ans, avoir un PEA n'a pas beaucoup d'intérêt fiscal. Mieux vaut ne pas ouvrir de PEA si vous avez l'intention de le fermer avant 5 ans (j'ai bien conscience néanmoins que parfois la vie, pour des raisons diverses et indépendantes de notre volonté, nous oblige parfois à le faire).

Le montant de l'imposition dépendra de la date d'ouverture du PEA et des plus-values réalisées (pour plus détail sur la fiscalité dans ce cas, je vous invite à consulter votre moteur de recherche préféré en tapant « fiscalité PEA ») !

• La date prise en compte pour le délai de 8 ans est la date d'ouverture du compte PEA et non la date de votre investissement. Autrement dit, ouvrir un PEA aujourd'hui (minimum 50 € de dépôt), c'est « prendre date ». Même si vous n'investissez réellement que dans 2 ans, vous aurez « gagné » 2 ans en ouvrant aujourd'hui votre PEA.

Le délai de 8 ans pour bénéficier de tous les avantages du PEA court donc dès l'ouverture. Vous n'avez pas de délai maximum pour investir et acheter des actions dans votre PEA (vous pouvez le faire 20 ans plus tard !!). Néanmoins, investir tôt vous permet d'être moins affecté fiscalement par les futures augmentations de prélèvements sociaux !

Si vous êtes convaincu(e), vous pouvez ouvrir un compte dès maintenant chez le même courtier que moi et bénéficier ainsi d'une offre de parrainage chez Bourse Direct (les conditions sont présentées sur mon site[60]). Ce lien est juste une proposition de ma part, je vous invite à faire votre comparatif des organismes !

• Enfin sachez que le PEA vous permet d'investir dans des actions européennes uniquement. Les actions d'autres pays (en

[60] Voir ici : https://revenusetdividendes.com/ressources/50-euros-offerts-parrainage-bourse-direct/

particulier des Etats-Unis, Canada, etc…) ne peuvent pas être achetées dans le PEA. Le Brexit devrait d'ailleurs entraîner d'ici 2019 la fin de la possibilité d'investir sur le marché anglais, selon toute vraisemblance (même si aucune information n'est encore disponible sur le sujet).

• Je ne rentrerai pas ici dans la fiscalité des dividendes d'actions européennes non françaises pour ne pas compliquer les choses. Sachez néanmoins, à ce niveau, qu'il n'est pas intéressant d'investir dans des actions européennes autres que les actions anglaises dans un PEA en raison de la taxation locale des dividendes (la « retenue à la source » - voir plus loin). Si vous souhaitez investir dans des actions européennes autres qu'anglaises, mon conseil est de ne pas le faire dans le PEA.

• Notons aussi qu'il existe un « petit frère » au PEA qui est le PEA-PME. Les conditions sont les mêmes que le PEA à la différence près que les actions « éligibles » (c'est-à-dire dans lesquelles vous pouvez investir) sont moins nombreuses (uniquement des « PME ») et que le montant maximal d'investissement/dépôt est de 75 000 euros. Si vous souhaitez investir dans ce type de sociétés en bénéficiant des avantages du PEA, je vous invite à le faire dans ce cadre du PEA-PME et de n'investir dans le PEA que pour acheter des actions de « grosses sociétés ». Vous pourrez ainsi investir jusqu'à 225 000 € en profitant du cadre « avantageux » du PEA (150 000 € + 75 000 €).

Même si cette description a pu vous paraître un peu compliqué (mais j'ai voulu être le plus complet possible pour vous permettre de juger en connaissance de cause), ne soyez pas effrayé ! Un peu de pratique de l'investissement dans le PEA vous permettra de voir la facilité d'investissement en Bourse que ce cadre vous offre.

Car, outre la fiscalité, le principal intérêt du PEA (je sais, je me répète) est la faculté d'investir sans avoir rien à déclarer ni à payer tant que vous ne faites aucun retrait. C'est, à mes yeux, le moyen le plus simple et facile pour débuter l'investissement en Bourse.

Surtout comparé au compte-titres ordinaire (CTO), comme nous allons le voir maintenant.

La fiscalité des dividendes dans un compte-titres

La fiscalité des dividendes dans un compte-titres est plus « complexe » et plus élevée que dans un PEA dans la mesure où :

- Aux prélèvements sociaux s'ajoute l'impôt sur le revenu.
- Dans le cas des actions étrangères, s'applique aussi l'impôt du pays de la société dont vous détenez les actions (ce qu'on appelle la « retenue à la source »).

Si vous êtes déjà effrayé à l'évocation de ces différents impôts et taxes, je vous invite néanmoins à ne pas vous arrêter là. Car, comme nous allons le voir, la fiscalité des dividendes n'est pas forcément moins avantageuse que dans un PEA, en particulier pour les contribuables non imposés (soit plus de 55% des Français en 2017 !).

Dans cette partie, pour une meilleure compréhension de la fiscalité des dividendes dans un compte-titres, nous allons partir d'exemples concrets et réels. Cela nous permettra de détailler à la fois les prélèvements effectués au moment du versement du dividende et comment effectuer sa déclaration de revenus, ce qui nous permettra ensuite de calculer la fiscalité totale (incluant l'impôt sur le revenu).

Précisons ici que nous parlerons uniquement de la fiscalité des dividendes et nous ne nous intéresserons pas à la fiscalité des « plus-values » (ou « moins-values ») qui s'applique par ailleurs lors des achats/ventes d'actions dans un compte-titres.

Commençons par le cas le plus « simple » d'un dividende d'une action française.

La fiscalité d'un dividende d'action française

Pour illustrer notre propos, nous partirons d'un exemple concret : celui du versement du dividende de l'action Total du 27 Avril 2016.

Voici le relevé d'opération du 27 Avril 2016 suite au versement du dividende pour 100 actions de la société Total que je détenais en portefeuille (relevé chez mon courtier Binck).

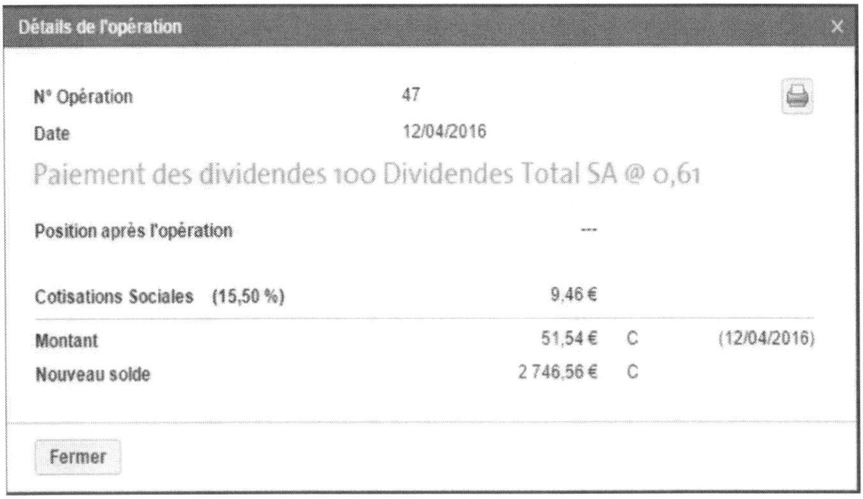

Détails de l'opération

N° Opération	47		
Date	12/04/2016		

Paiement des dividendes 100 Dividendes Total SA @ 0,61

Position après l'opération	---		
Cotisations Sociales (15,50 %)	9,46 €		
Montant	51,54 €	C	(12/04/2016)
Nouveau solde	2 746,56 €	C	

Fermer

Le détail de l'opération :

+ Dividende brut : 61 € (soit 0,61 € de dividende x 100 actions)

– Prélèvements sociaux (CSG/CRDS) au taux de 15,5% en vigueur en 2016 = – 9,445 €

Dividende net perçu = 51,545 € (61 € – 9,445 €)

Comme vous le voyez sur cet exemple, le dividende a subi un premier niveau de fiscalité (les prélèvements sociaux) directement au moment du versement sur le compte-titres ordinaire.

Il va subir un deuxième niveau de fiscalité avec l'impôt sur le revenu. Avant de calculer son montant, détaillons ici comment il devra donc être reporté/déclaré sur votre déclaration de revenus :

• Le montant brut des dividendes :

Le dividende brut correspond au montant de dividende versé par la société Total. C'est ce montant que je devrai indiquer dans ma déclaration d'impôts à la rubrique « Revenus de valeurs et capitaux mobiliers/Revenus ouvrant droit à abattement/Revenus des actions et parts » (ligne 2DC), soit 61 €.

• Les prélèvements sociaux français :

Comme ces prélèvements ont été directement prélevés à la source par Binck, il faut que je l'indique sur ma déclaration d'impôt à la rubrique « Revenus de valeurs et capitaux mobiliers/Autres/ Revenus indiqués ci-dessus déjà soumis aux prélèvements sociaux avec CSG déductible » (ligne 2BH).

Attention, sur cette ligne, il faut indiquer le montant brut des dividendes (et pas un autre montant), soit, dans mon cas : 61 €.

Au final, voici ce que donnerait ma déclaration d'impôt pour ce dividende :

MONTANTS PRÉ-REMPLIS SUR VOTRE DÉCLARATION DE REVENUS

REVENUS DE VALEURS ET CAPITAUX MOBILIERS

TYPE DE REVENU	ZONE	MONTANT EN EURO
Produits d'assurance-vie et de capitalisation soumis au prélèvement libératoire de 7,5%	2DH	
Produits de placement soumis aux prélèvements libératoires autres que ceux indiqués ligne 2DH	2EE	
REVENUS OUVRANT DROIT À ABATTEMENT *(ne le déduisez pas)*		
Revenus des actions et parts *(crédit d'impôt inclus)*	2DC	61 €
Revenus imposables des titres non cotés détenus dans le PEA	2FU	
Produits des contrats d'assurance-vie et de capitalisation d'une durée au moins égale à 6 ou 8 ans	2CH	
REVENUS N'OUVRANT PAS DROIT À ABATTEMENT		
Produits des contrats d'assurance-vie d'une durée inférieure à 8 ans et distributions	2TS	
Revenus réputés distribués et revenus des structures soumises hors de France à un régime fiscal privilégié	2GO	
Produits de placement à revenu fixe	2TR	
Produits de placement à revenu fixe n'excédant pas à 2 000 € taxable sur option à 24 %	2FA	
AUTRES		
Revenus des soumis aux prélèvements sociaux sans CSG déductible	2CG	
Revenus indiqués ci-dessus déjà soumis aux prélèvements sociaux avec CSG déductible	2BH	61 €
Frais et charges déductibles	2CA	
Crédit d'impôt égal au prélèvement forfaitaire déjà versé	2CK	
Crédit d'impôt sur valeurs étrangères	2AB	
Crédit d'impôt directive épargne et autres crédits d'impôt restituables	2BG	
Impatriés : abattement de 50% sur les revenus de capitaux mobiliers perçus à l'étranger	2DM	

4 remarques s'imposent ici :

1. Depuis 2014-2015, ces informations sont directement communiquées par Binck auprès de l'administration fiscale, ce qui signifie que ma déclaration d'impôt est déjà pré-remplie avec ces éléments lorsque je me connecte sur le site des impôts.

2. Nous avons pris ici l'exemple d'un contribuable ayant un « revenu fiscal de référence » inférieur à 50 000 € pour un célibataire (ou 75 000 € pour un couple), comme c'est mon cas. Dans ce cas, je n'ai pas à payer d'acompte d'impôt sur le revenu de 21% (appelé, dans le jargon des impôts, le « prélèvement forfaitaire libératoire »).

Attention, par défaut, votre courtier appliquera ce « prélèvement forfaitaire libératoire » sur le versement de votre dividende (et ce, même si vous n'y êtes pas assujetti car votre « revenu fiscal de référence » est inférieur à 50 000 € pour un célibataire ou 75 000 € pour un couple).

Si vous n'êtes pas redevable de cet impôt, il faut le signaler chaque année à votre courtier en ligne au moins 2 mois avant la fin de l'année pour que cette dispense s'applique sur l'année suivante. Pour cela, il faut remplir et envoyer en novembre de chaque année un formulaire de « dispense de prélèvement forfaitaire libératoire » à votre courtier.

3. Si vous êtes assujetti à l'acompte d'impôt, votre dividende net aurait été amputé du montant du « prélèvement forfaitaire libératoire »)., soit 61 € *21% = 12,81 €. Vous auriez donc reçu : 61 € – 9,445 – 12, 81 € = 38,735 € (soit seulement 63,5% du montant brut versé).

Il aurait alors fallu que je signale aux impôts ce prélèvement en remplissant la rubrique « Revenus de valeurs et capitaux mobiliers/Autres/ Crédit d'impôt égal au prélèvement forfaitaire déjà versé » (ligne 2CK) du montant de 12,81 €.

Cet impôt est un crédit d'impôt, c'est-à-dire qu'il viendra en déduction de vos impôts. Attention : il s'agit en réalité d'une réduction d'impôt, puisqu'il est imputable sur l'impôt dû mais il est définitivement perdu si vous êtes non imposables ou « écrêté » s'il dépasse l'impôt dû.

4. Attention, certaines sociétés ne sont normalement pas éligibles à l'abattement de 40%. En particulier, les foncières côtées (SIIC). Dans ce cas, le revenu brut des dividendes (61 €) est à reporter dans la rubrique « Revenus de valeurs et capitaux mobiliers/Revenus n'ouvrant pas droit à abattement/Revenus réputés distribués et revenus des structures soumises hors de France à un régime fiscal privilégié » (ligne 2GO) et non à la ligne 2DC (comme indiqué ci-dessus).

Quel est le montant de l'impôt sur le revenu sur ce dividende Total ?

Pour connaître/calculer le montant d'impôt sur le revenu dû sur ce dividende, la méthode de calcul est la suivante.

Commençons par calculer la base d'imposition. Elle est constituée du dividende brut auquel on déduit l'abattement de 40% (sauf cas exceptionnels évoqués ci-dessus) et la part déductible des prélèvements sociaux (5,1%).

Dans le cas de mon dividende, la base d'imposition est :
+ Dividende brut : 61 €

– Abattement de 40% = -(61 € x 40%) = -24,40 €
– Part déductible des prélèvements sociaux = – (61)*5,1% = -3,11 €.

Au final, la base imposable est : 61 € – 24,40 € – 3,11 € = 33,489 €

Ce montant imposable est ensuite imposé à votre « Taux Marginal d'Imposition» (pour le calculer, je vous renvoie à cet article[61]). Dans notre exemple, l'imposition sur le revenu du dividende perçu serait donc la suivante :

Taux Marginal d'Imposition (TMI)	Montant Impôt sur le Revenu
0 %	0 €
14 %	4,69 €
30 %	10,05 €
41 %	13,73 €
45 %	15,07 €

Il convient de noter que, dans la pratique, si vous avez déjà payé l'acompte sur l'impôt de 21% (en fonction de votre revenu fiscal de référence, voir ci-dessus), soit 12,81 € votre impôt sur le revenu sera réduit de ce montant. Un chiffre négatif indique que l'Etat vous doit de l'argent !

[61] https://www.impots.gouv.fr/portail/particulier/calcul-de-limpot-sur-le-revenu

Au final, en additionnant les prélèvements sociaux (9,45 €) et l'impôt sur le revenu, la fiscalité totale appliquée à ce dividende brut de 61 € est la suivante :

Taux Marginal d'Imposition (TMI)	Fiscalité totale (en montant)	Fiscalité totale (en % du dividende brut)
0 %	9,45 €	15,5 %
14 %	14,14 €	23,2 %
30 %	19,50 €	32,0 %
41 %	23,18 €	38,0 %
45 %	24,52 €	42,2 %

Comme vous le voyez, au final, pour les contribuables non imposés (TMI de 0%), la fiscalité totale du dividende n'est pas si éloignée de celle du PEA, sachant que :

• Cela dépend de chaque cas personnel (voir plus haut) et que la fiscalité du PEA peut être plus faible.

• Les revenus de dividendes peuvent, en s'additionnant aux autres revenus, amener à vous faire passer d'une tranche non imposable à une tranche imposable (de 0% à 14%).

A contrario, ce tableau montre clairement l'avantage fiscal du PEA (taxation maximale de 15,5%) pour les contribuables à « haut revenus » (donc « haute » tranche d'imposition).

La fiscalité d'un dividende d'action étrangère

Contrairement à ce que l'on pourrait penser, la fiscalité d'un dividende d'une action étrangère ne diffère pas de celle d'une action française (dans la grande majorité des cas). Autrement dit, à rebours de la croyance commune, un dividende d'action étrangère n'est pas plus « taxé »/ »imposé » qu'un dividende d'action française.

Ce qui est différent, c'est la modalité « d'imposition »/ »taxation » qui est bien plus « complexe ».

A titre d'illustration, nous allons prendre le cas d'un dividende d'action américaine. Nous allons détailler ici les différentes étapes de l'imposition/taxation, en prenant un exemple précis : celui de mon dividende de l'action américaine PSEC (Prospect Capital) reçu en avril 2016.

Voici le relevé Binck correspondant à ce versement de dividende (je vous rappelle que j'ai choisi Binck comme courtier pour mon compte-titres[62]) :

[62] Je vous explique pourquoi ici : https://revenusetdividendes.com/courtier-en-ligne-pourquoi-choisir-binck

Détails de l'opération

N° Opération	52		
Date	21/04/2016		

Paiement des dividendes 2 500 Dividendes Prospect Capital Corp @ 0,08333 $

Position après l'opération	---		
Valeur	208,33 $		
Taux de change (EUR/USD)	1,1193		
Taxes (15,00 %)	31,25 $		
Cotisations Sociales (15,50 %)	**28,84 €**		
Montant	**129,36 €**	C	(21/04/2016)

Le détail de mon versement est donc le suivant (en euros) :
+ Dividende brut = 186,12 €
– Retenue fiscale US = – 27,92 €
– Prélèvements sociaux (CSG/CRDS) = -28,84 €
Dividende net perçu = 186,12 € – 27,92 € – 28,84 € = 129,36 €

Comme vous le voyez sur cet exemple, le dividende a subi, au moment de son versement, deux taxes : une taxe américaine à 15% et une taxe française (les prélèvements sociaux ou « cotisations sociales » comme le reporte Binck).

Il va subir un troisième niveau de fiscalité avec l'impôt sur le revenu. Avant de calculer son montant, détaillons ici comment il devra donc être reporté/déclaré sur votre déclaration de revenus :

• Le montant brut des dividendes :

C'est ce montant que je devrai indiquer dans ma déclaration d'impôts à la rubrique « Revenus de valeurs et capitaux mobiliers/Revenus ouvrant droit à abattement/Revenus des actions et parts » (ligne 2DC).

Dans mon relevé Binck, il est indiqué en dollars (soit 208,33 $), mais pour ma déclaration d'impôt je devrai faire la conversion en euros au taux de change indiqué par Binck (soit 1,1193).

Le montant brut à déclarer est donc de : 208,33/1,1193 = 186,12€.

• La « retenue fiscale » à la source américaine :

Comme indiqué dans le relevé Binck (sous le terme de « taxes (15%) », le montant est de 31,25 $. Il correspond à 15% du montant brut du dividende (208,33 x 15%) en monnaie locale ($).

En vertu de la convention fiscale entre la France et les USA, le prélèvement à la source américain sera récupéré sous forme d'un crédit d'impôts en année n+1 (voir plus loin).

Il faut donc que je reporte ce montant sur ma déclaration d'impôt à la rubrique « Revenus de valeurs et capitaux mobiliers/Autres/Crédits d'impôts sur valeurs étrangères » (ligne 2AB). Soit, en euros : 27,92 €.

• Les prélèvements sociaux français :

Ils sont calculés sur la base du dividende brut. Soit, dans mon cas : (186,12 €)*15,5% = 28,84 €.

Comme ces prélèvements ont été directement prélevés à la source par Binck, il faut que je l'indique sur ma déclaration d'impôt à la rubrique « Revenus de valeurs et capitaux mobiliers/Autres/

Revenus indiqués ci-dessus déjà soumis aux prélèvements sociaux avec CSG déductible » (ligne 2BH).

Attention, sur cette ligne, il faut indiquer le montant brut des dividendes (et non pas le montant des prélèvements sociaux), soit, dans mon cas : 186,12 €.

Au final, voici ce que donnerait ma déclaration d'impôt pour ce dividende :

MONTANTS PRÉ-REMPLIS SUR VOTRE DÉCLARATION DE REVENUS

REVENUS DE VALEURS ET CAPITAUX MOBILIERS

TYPE DE REVENU	ZONE	MONTANT EN EURO
Produits d'assurance-vie et de capitalisation soumis au prélèvement libératoire de 7,5%	2DH	
Produits de placement soumis aux prélèvements libératoires autres que ceux indiqués ligne 2DH	2EE	
REVENUS OUVRANT DROIT À ABATTEMENT *(ne le déduisez pas)*		
Revenus des actions et parts *(crédit d'impôt inclus)*	2DC	186,12
Revenus imposables des titres non cotés détenus dans le PEA	2FU	
Produits des contrats d'assurance-vie et de capitalisation d'une durée au moins égale à 6 ou 8 ans	2CH	
REVENUS N'OUVRANT PAS DROIT À ABATTEMENT		
Produits des contrats d'assurance-vie d'une durée inférieure à 8 ans et distributions	2TS	
Revenus réputés distribués et revenus des structures soumises hors de France à un régime fiscal privilégié	2GO	
Produits de placement à revenu fixe	2TR	
Produits de placement à revenu fixe n'excédant pas à 2 000 € taxable sur option à 24 %	2FA	
AUTRES		
Revenus des soumis aux prélèvements sociaux sans CSG déductible	2CG	
Revenus indiqués ci-dessus déjà soumis aux prélèvements sociaux avec CSG déductible	2BH	186,12
Frais et charges déductibles	2CA	
Crédit d'impôt égal au prélèvement forfaitaire déjà versé	2CK	
Crédit d'impôt sur valeurs étrangères	2AB	27,92
Crédit d'impôt directive épargne et autres crédits d'impôt restituables	2BG	
Impatriés : abattement de 50% sur les revenus de capitaux mobiliers perçus à l'étranger	2DM	

A ce stade, plusieurs remarques s'imposent :

• Depuis 2014-2015, ces informations sont directement communiquées par Binck auprès de l'administration fiscale, ce qui signifie que ma déclaration d'impôt est déjà pré-remplie avec ces éléments lorsque je me connecte sur le site des impôts.

• Pour les contribuables ayant un « revenu fiscal de référence » inférieur à 50 000 € pour un célibataire (ou 75 000 € pour un couple), comme c'est mon cas, je n'ai pas à payer d'acompte d'impôt sur le revenu de 21% (appelé, dans le jargon des impôts, le « prélèvement forfaitaire libératoire »).

Si tel n'est pas votre cas, votre dividende net aurait été amputé de ce montant, soit (186,12 €)*21% = 39,08 €. Il aurait alors fallu que je signale aux impôts ce prélèvement en remplissant la rubrique « Revenus de valeurs et capitaux mobiliers/Autres/ Crédit d'impôt égal au prélèvement forfaitaire déjà versé » (ligne 2CK) du montant de 39,08 €.

• En théorie, en plus de la déclaration normale 2042, il semble que pour bénéficier du crédit d'impôt (ligne 2AB, soit, dans mon cas, 27,92 €), nous devons remplir un imprimé n° 2047 détaillant le montant des impôts payés pour chaque pays. Dans la pratique, le fisc français ne le demande pas (et ne vous sanctionne pas) dans la mesure où les informations sont directement envoyées par votre courtier. En tout cas, ce que je dis là est issue de mon expérience personnelle (et corroborée par différents témoignages sur des forums sur Internet), mais je vous invite à faire votre propre choix en connaissance de cause.

• Le report du montant de la « retenue fiscale » (à la ligne 2AB de la déclaration de revenus) n'est possible que pour les pays avec lesquels la France a une « convention fiscale ». Heureusement, c'est le cas avec la plupart des pays occidentaux. En tout cas, c'est le cas pour l'ensemble des pays dans lesquels j'investis : Etats-Unis, Canada, Europe (essentiellement Angleterre).

• Le taux de « retenue à la source » diffère selon chaque pays. Pour les actions américaines et canadiennes, ce taux est de 15%, mais il est de 25% pour les actions belges, 26,38% pour les actions allemandes, etc…

• Attention, certaines sociétés ne sont normalement pas éligibles à l'abattement de 40%. En particulier, les foncières côtées (SIIC) étrangères européennes, canadiennes ou américaines. Dans ce cas, le revenu brut des dividendes est à reporter dans la rubrique « Revenus de valeurs et capitaux mobiliers/Revenus n'ouvrant pas droit à abattement/Revenus réputés distribués et revenus des structures soumises hors de France à un régime fiscal privilégié » (ligne 2GO) et non à la ligne 2DC (comme indiqué ci-dessus).

• Il faut noter ici que la complexité de cette fiscalité de dividende étranger n'est pas toujours correctement comptabilisée par les courtiers. Certains peuvent faire des erreurs dans le calcul et donc vous fournir de mauvaises informations (aussi étonnant que cela puisse paraître). C'est, en particulier, le cas avec Binck (j'en ai parlé dans cet article[63]) mais…à mon avantage ! Je vous invite, par conséquent, à bien vérifier les informations fournies par votre courtier car, je rappelle, que chacun est responsable de la bonne déclaration de ses revenus.

Quel est le montant de l'impôt sur le revenu de ce dividende d'action américaine ?

Le principe ici est le même que celui d'un dividende français.

Commençons par calculer la base d'imposition. Elle est constituée du dividende brut duquel on déduit l'abattement de 40% (sauf cas exceptionnels évoqués ci-dessus) et la part déductible des prélèvements sociaux (5,1%).

[63] Voir : https://revenusetdividendes.com/impot-sur-les-dividendes-etrangers-pourquoi-je-me-suis-trompe

Dans le cas de mon dividende, la base d'imposition est :
+ Dividende brut : 186,12 €
– Abattement de 40% = -(186,12 € x 40%) = -74,45 €
– Part déductible des prélèvements sociaux = – (186,12 €)*5,1% = -9,49 €.

Au final, la base imposable est : 186,12 € – 74,45 € – 9,49 € = 102,18 €

Ce montant imposable est ensuite imposé à votre « Taux Marginal d'Imposition » auquel on déduit le crédit d'impôt lié au prélèvement américain. Dans notre exemple, le montant de l'impôt sur le revenu du dividende perçu serait donc la suivante :

Taux Marginal d'Imposition (TMI)	Impôt sur le Revenu avant Crédit Impôt	Crédit Impôt US	Montant Impôt sur le Revenu
0 %	0 €	27,92 €	-27,92 €
14 %	14,30 €	27,92 €	-13,61 €
30 %	30,65 €	27,92 €	2,74 €
41 %	41,89 €	27,92 €	13,98 €
45 %	45,99 €	27,92 €	18,06 €

Un chiffre négatif indique que c'est l'Etat français qui nous doit de l'argent (en réalité il s'agit d'un crédit d'impôt non restituable, donc en fait d'une réduction d'impôt).

Il convient de noter que, dans la pratique, si vous avez déjà payé l'acompte sur l'impôt de 21% (en fonction de votre revenu fiscal de référence, voir ci-dessus), la réduction d'impôt sera encore plus élevée, puisque vous devrez ajouter l'acompte déjà payé de 39,08 €.

Au final, en additionnant les prélèvements sociaux français, l'impôt sur le revenu et en retranchant la « retenue fiscale » américaine, la fiscalité totale appliquée sur ce dividende est :

Taux Marginal d'Imposition (TMI)	Fiscalité totale (en montant)	Fiscalité totale (en % du dividende brut)
0 %	28,84 €	15,5 %
14 %	43,14 €	23,2 %
30 %	59,50 €	32,0 %
41 %	70,72 €	38,0 %
45 %	78,54 €	42,2 %

Comme vous le constatez, le barème est, au final, identique à celui d'un dividende d'action française.

Comment calculer facilement la fiscalité de votre portefeuille boursier ?

Si j'ai souhaité ici être complet sur la fiscalité des dividendes afin que vous puissiez en comprendre toutes les composantes, je reconnais que les calculs sont plutôt complexes.

Si, en plus, vous souhaitez faire les calculs sur un portefeuille d'actions, cela devient vite difficile à appréhender.

C'est la raison pour laquelle, j'ai créé le logiciel de simulation d'impôts des dividendes : le "**Calculateur de Fiscalité des Dividendes**". Il vous permet ainsi d'avoir une vision globale et exacte de la fiscalité de vos dividendes (dans un compte-titres et dans un PEA).

Ce Calculateur (sous format Excel) vous permet de connaître et simuler votre fiscalité des dividendes en 1 clic !

Il vous permet de répondre précisément à des questions essentielles, en fonction de votre situation personnelle :

- Combien vais-je devoir payer d'impôt si j'achète telle ou telle action ?
- Combien vais-je recevoir sur mon compte titres ou mon PEA ?
- A combien se montent les prélèvements sociaux sur telle ou telle action ?
- Quel montant d'impôt vais-je devoir payer l'année prochaine ?
- Comment (et quels montants) déclarer sur ma feuille d'impôt ?
- Vaut-il mieux investir dans un PEA ou dans un compte-titres ?

A toutes ces questions, le calculateur de fiscalité des dividendes vous DONNE UNE REPONSE PRECISE !

Avec ce Calculateur, vous pouvez connaître action par action mais aussi de manière globale, le montant des dividendes bruts, versés sur votre compte, net d'impôts/taxes et le montant des impôts à payer sur vos dividendes. Voici un exemple de ces calculs avec mon portefeuille :

Action	Compte	Nbre	Montant brut dividende en euros	Dividendes versés	Total Impôts	Impôt Revenu à payer	Dividendes nets après Impôts
	Compte-titres	2 200	1 992,09 €	1 430,82 €	417,70 €	- 143,57 €	1 574,38 €
	Compte-titres	1 700	1 255,38 €	901,68 €	263,23 €	- 90,47 €	992,15 €
	Compte-titres	1 900	1 236,04 €	987,79 €	259,17 €	- 89,08 €	976,87 €
	Compte-titres	1 250	2 021,98 €	1 452,29 €	423,97 €	- 145,72 €	1 598,01 €
	Compte-titres	940	1 462,68 €	1 235,97 €	339,14 €	112,42 €	1 123,54 €
	Compte-titres	500	949,45 €	802,29 €	273,31 €	126,14 €	676,14 €
	Compte-titres	1	0,88 €	0,63 €	0,18 €	- 0,06 €	0,69 €
	PEA	14 183	5 673,20 €	5 673,20 €	503,21 €		5 169,99 €
	PEA	3 360	5 712,00 €	5 712,00 €	506,65 €		5 205,35 €
	PEA	2 620	4 427,80 €	4 427,80 €	392,75 €		4 035,05 €
	PEA	996	2 430,24 €	2 430,24 €	215,56 €		2 214,68 €
	PEA	1 300	1 356,29 €	1 356,29 €	120,30 €		1 235,98 €
	PEA	1 300	1 980,00 €	1 980,00 €	175,63 €		1 804,37 €
	PEA	1 000	1 000,00 €	1 000,00 €	88,70 €		911,30 €
	PEA	435	870,00 €	870,00 €	77,17 €		792,83 €
TOTAL			32 368 €	30 161 €	4 057 €	- 230 €	28 311 €

La bonne nouvelle, c'est que JE VOUS OFFRE cet outil unique en France pour vous remercier de votre commande de mon livre (valeur : 19,99 €) !

Vous pouvez retrouver les modalités pour recevoir ce **Calculateur de Fiscalité des Dividendes** à la fin du livre (Conclusion).

La nouvelle fiscalité des dividendes 2018

Depuis le 1er Janvier 2018, la fiscalité des dividendes dans un PEA et dans compte-titres a été modifié.

Les modifications pour le PEA sont les suivantes :

1) Augmentation des prélèvements sociaux de 1,7%

A compter du 1er janvier 2018, le nouveau taux de CSG/Prélèvements sociaux se monte à 17,2%.

2) Fin des « taux historiques » du PEA à compter de 2018

Cette deuxième mesure est plus "technique" et plutôt difficile à comprendre. Concrètement, elle modifie la méthode de calcul des prélèvements sociaux à partir du 1er Janvier 2018.

Jusqu'alors, le PEA bénéficiait d'une règle dérogatoire s'agissant du calcul des prélèvements sociaux. Lors d'un retrait, les gains étaient en effet taxés au "taux historique", c'est-à-dire au taux en vigueur au moment où le gain a été réalisé. Par exemple, pour un retrait réalisé cette année, une plus-value datant de 1997 est taxée à seulement 3,9% au titre des prélèvements sociaux, plutôt qu'à 17,2% en 2018.

Avec le nouveau mode de calcul, les taux historiques seront préservés pour les gains accumulés avant 2018. En revanche, pour ceux glanés à partir de 2018, c'est le taux en vigueur au moment du retrait qui s'appliquera.

Imaginons, par exemple, que le taux soit relevé à 20% en 2019. En cas de retrait cette année là, la part de gain engrangée en 2018 sera alors taxée à 20%, alors qu'elle aurait été ponctionnée à 17,2% avec l'application des taux historiques !

Au final, de manière insidieuse, le nouveau mode de calcul des prélèvements sociaux change les règles du PEA. Il a pour conséquence de "taxer" les PEA ouverts à partir du 1er Janvier 2018 au taux de CSG en vigueur au moment du retrait, alors que ce n'était pas le cas auparavant (voir ci-dessus).

La nouvelle fiscalité du compte-titres est la suivante :

1) Augmentation des prélèvements sociaux

A compter du 1er janvier 2018, le nouveau taux de CSG/Prélèvements sociaux se monte à 17,2%.

2) Plafonnement des impôts et taxes à 30% pour certains contribuables

Pour les contribuables ayant un « Taux Marginal d'Imposition » (TMI) supérieur à 30%, la nouvelle fiscalité des dividendes se traduit une baisse de la fiscalité des dividendes. Ou plus précisément, par un plafonnement de la fiscalité des dividendes à un taux de 30%.

C'est ce que les médias appellent par erreur et ignorance la "flat tax".

Il ne s'agit en aucun cas d'une "flat tax" car une "flat tax" correspondrait à l'instauration d'une imposition à taux unique et général quelque soit la situation du contribuable. Or, ce n'est pas le cas, car les contribuables ayant un TMI inférieur à 30% bénéficient d'un taux d'imposition et de taxation inférieur à 30%.

Au final, donc, la nouvelle fiscalité des dividendes (impôts + prélèvements sociaux) dans un compte-titres est la suivante :

Taux Marginal d'Imposition (TMI)	Taux 2017	Taux 2018	Différence
0%	15,5%	17,2%	+11%
14%	23,2%	24,65%	+6,25%
30%	32%	30%	-6,2%
41%	38%	30%	-21%
45%	40,2%	30%	-25,3%

Comme vous le voyez, au final, la nouvelle fiscalité des dividendes dans un compte-titres se traduit par une augmentation de la fiscalité pour les personnes ayant un "Taux Marginal d'Imposition" (TMI) inférieur à 30% et par une diminution pour ceux ayant un TMI supérieur ou égal à 30%.

L'abattement de 40% sur les dividendes est toujours en vigueur pour ceux ayant demandé la dispense de ce prélèvement forfaitaire unique. Vos dividendes seront donc imposés sur le revenu. Petit point technique : la part déductible de la CSG augmente alors du même montant que l'augmentation de la CSG de 1,7 points, passant de 5,10% à 6,8%

3) Mise en place du prélèvement à la source dit "PFU"

"L'acompte sur Impôts" précédent s'appelle maintenant en 2018 "**Prélèvement Forfaitaire Unique**" (PFU). Son taux a été abaissé de 21% à 12,8% pour tenir compte du plafonnement de la fiscalité des dividendes à 30% (on a bien 12,8% + 17,2% = 30%).

Rappelons que rien ne change à ce sujet : il est par défaut appliqué par votre courtier, sauf si vous demandez la dispense de ce prélèvement avant le 30 novembre de l'année précédente (et dans la mesure où vous avez le droit à cette dispense – voir ci-dessus).

Si vous avez « oublié » de demander cette dispense ou que vous n'y êtes pas « éligible » et que l'application du PFU sur vos revenus de dividendes vous amène à payer des impôts+taxes supérieurs à ce que vous auriez dû, vous pourrez demander/choisir, lors de votre déclaration de revenus annuels, de modifier le mode de calcul de vos impôts+taxes en choisissant l'imposition au barême de l'impôt sur le revenu. Dans ce cas, l'administration fiscale devrait vous « rembourser » le trop-perçu du PFU.

Je vous invite néanmoins à éviter ce prélèvement à la source dès le départ si votre TMI est inférieur à 30% en demandant la dispense. C'est quand même trop « bête » de se voir prélevé(e) des impôts non dûs et faire l'avance à l'Etat !

Les nouveautés du PEA en 2019

La loi "Pacte" adoptée en Avril 2019 apporte des assouplissements intéressants aux règles de fonctionnement du PEA.

Assouplissement des règles de retrait et de clôture du PEA

1. **Les retraits entre 5 et 8 ans n'entraînent plus la clôture du PEA**.

   Concrètement, cela veut dire que, à partir de 2019, vous pourrez retirer de l'argent de votre PEA (par exemple, vos revenus de dividendes) dès 5 ans au lieu de 8 ans auparavant !

Attention, néanmoins, si vous effectuez des retraits entre la 5ème et 8ème année de votre PEA, vous ne pourrez plus faire des versements jusqu'à la 8ème année (ça serait trop simple :).

2. Néanmoins, et c'est là une nouveauté, **tout retrait au-delà de 8 ans n'entraînera plus le blocage des versements**. Vous pourrez donc retirer et placer autant de fois que vous le voulez à partir de la 8ème année de votre PEA. Les versements restent néanmoins toujours limité au plafond de 150 000 € par personne.

A la date de rédaction de cette mise à jour (Avril 2019), on ne le sait pas encore (cela dépendra des décrets d'application) mais on peut espérer que si vous avez déjà effectué un retrait sur un PEA au-delà de huit ans, avant l'entrée en vigueur de la loi "Pacte", vous pourrez bénéficier de ces nouvelles règles et faire de nouveaux versements.

<u>La création d'un "PEA jeunes"</u>

Jusqu'en 2019, l'ouverture d'un PEA n'était possible que pour les personnes fiscalement indépendantes. Cela signifie que, jusqu'en 2019, les enfants qui étaient rattachés au foyer fiscal de leurs parents n'avaient pas le droit d'ouvrir un PEA.

La loi "Pacte" autorise les enfants de plus de 18 ans d'ouvrir un PEA, même s'ils/elles sont rattachés au foyer fiscal de leur parents.

Mais il existe 2 limites :

1. Le montant maximal d'investissement autorisé, tant que les enfants sont rattachés au foyer fiscal des parents, est de 25 000 €.

2. Ces 25 000 € d'investissement sont compris dans le plafond global des PEA des parents.

   Concrètement, cela signifie que l'ensemble des sommes placés dans le PEA par votre famille ne doit pas dépasser 150 000 € dans le cas d'une famille monoparentale ou 300 000 € pour un couple.

L'avantage de ce PEA jeunes est que le plafonnement de 25 000 € disparaîtra lors du détachement des enfants du foyer fiscal et les enfants conserveront ainsi l'antériorité du placement.

Ils bénéficieront donc des avantages fiscaux après 5 ans et 8 ans d'ouverture du PEA.

Nouveautés concernant le PEA-PME

Outre l'alignement de la fiscalité du PEA sur le compte-titres pour les retraits avant 5 ans (que je ne vais détailler ici en raison de l'absence d'intérêt fiscal du PEA dans ce cas), la loi "Pacte" a voulu rendre plus attractif le PEA-PME.

Le PEA-PME sera désormais ouvert aux titres émis via des plateformes de financement participatif. Cela veut dire que vous pouvez y placer des titres du "crowdfounding" ou du "crowdlending" dans votre PEA.

Par ailleurs, la loi "Pacte" prévoit que le PEA-PME puisse recevoir plus de 75 000 euros de versements à condition que le cumul des versements sur un PEA et sur un PEA-PME ne dépasse pas 225 000 euros pour un célibataire et 450 000 euros pour un couple.

Franchement, je ne vois pas l'intérêt de ce "déplafonnement" du PEA-PME pour les actions côtées en bourse, dans la mesure où les actions éligibles au PEA-PME sont aussi éligibles au PEA "classique".

Le seul intérêt me semble être pour les personnes souhaitant investir massivement dans le "crowdfounding" ou le "crowdlending". Mais cela concerne clairement une minorité d'épargnants/investisseurs !

La fiscalité des dividendes dans l'assurance-vie

La fiscalité des dividendes dans le cadre de l'assurance-vie est un sujet rarement traité. Pour une bonne raison : pour parler de fiscalité des dividendes, encore faut-il que vous receviez...des dividendes !

Et dans le cadre de l'assurance-vie, cela est loin d'être évident :

- D'abord parce que, pour l'assurance-vie dite en « euros », ce ne sont pas des dividendes qui sont versés mais des « intérêts » en raison de la nature essentiellement obligataire de ces contrats. La fiscalité de ces « intérêts » n'étant pas l'objet de ce livre, nous n'évoquerons pas ici la fiscalité de ces contrats. Mais quand on sait que ces contrats en « euros » représentent 80% des fonds placés en assurance-vie en 2017, on comprend pourquoi la fiscalité des dividendes ne fasse pas l'objet de beaucoup d'intérêt.

- Ensuite, parce que, en ce qui concerne l'épargne placée en « unités de compte » dans l'assurance-vie, celle-ci est majoritairement investie en fonds de types SICAV/FCP. Or, une grande partie de ces fonds ne versent pas de dividendes ! Cela dépend de la politique de chaque fonds et seuls ceux qui versent des dividendes subissent une fiscalité. Si vous êtes dans ce cas, je vous invite à regarder les fonds que vous avez en portefeuille ou à vous renseigner auprès de votre banque ou assureur.

- Aujourd'hui encore, seul un petit nombre de contrat permettent d'investir dans des trackers/ETF. Et parmi ceux-ci, on est dans la même situation que pour les fonds, c'est-à-dire qu'ils ne versent pas tous des dividendes. Parmi les contrats qui permettent d'investir dans des trackers/ETF, on peut citer les fonds de Boursorama ou ceux de Yomoni (qui s'en est fait une spécialité d'ailleurs).

- Enfin, les contrats d'assurance-vie qui permettent d'investir directement dans des actions qui versent des dividendes se comptent sur les doigts d'une main ! Longtemps, l'investissement en direct en actions a été l'apanage des contrats haut de gamme (et il y est encore), principalement disponibles dans les banques privées. En 2011, l'assureur Swiss Life et le courtier web Altaprofits lancent Titres@Vie, contrat dont la principale originalité est de donner accès « aux marchés financiers en direct »(151 actions disponibles) avec un faible montant minimum d'investissement (3 000 €) .Depuis 2016, plusieurs courtiers web ont suivi l'exemple et proposent l'investissement en « titres vifs » (112 actions disponibles) à travers les contrats de l'assureur Spirica (contrat Mes-placements Liberté, Netlife ou encore Linxea Spirit). Mais, selon les assureurs, ces contrats restent peu développés (« *Ce n'est pas un produit de masse* » selon Altaprofits).

On comprend mieux pourquoi la fiscalité des dividendes dans l'assurance-vie est un sujet…confidentiel !

Néanmoins, afin d'être complet sur ce sujet de la fiscalité des dividendes, nous allons le traiter ici.

De ce côté-là, la situation est identique au PEA, à savoir une absence de prélèvements/impôts au moment du versement des dividendes.

Autrement dit, dans l'assurance-vie, comme dans le PEA, vous recevez vos dividendes d'actions "bruts".

L'imposition des dividendes se fait donc, comme le PEA, au moment du retrait de votre argent.

Lorsque vous effectuez un retrait (ou rachat) sur votre contrat d'assurance-vie, les dividendes "subissent" tout d'abord les prélèvements sociaux (17,2% depuis 2018).

Puis, les gains compris dans ce retrait sont soumis, selon votre choix, à l'impôt sur le revenu, sous forme de « prélèvement forfaitaire unique » (PFU) de 30 %, ou bien additionnés à vos autres revenus imposables et taxés en fonction de votre tranche marginale d'imposition.

Un abattement est accordé aux contrats de plus de huit ans: il est possible de retirer jusqu'à 4600 € de gains chaque année (9200 € pour un couple) en bénéficiant d'une exonération d'impôt. Seuls les gains excédant ces montants sont soumis à l'impôt, au taux réduit de 7,5 %.

Au final, si on compare la fiscalité de l'assurance-vie avec le PEA et le compte-titres, on peut dire que :

- La fiscalité des dividendes est plus intéressante dans l'assurance-vie que dans un compte-titres.

- Le fait d'investir via l'assurance-vie n'est pas plus intéressant fiscalement que via un PEA. Au mieux, la fiscalité est identique (dans le cas où les retraits se font en franchise d'impôt dans l'assurance-vie – ce qui est la règle dans le PEA), dans les autres cas l'imposition sur les revenus de l'assurance-vie rend la fiscalité moins intéressante.

Pour être complet sur l'assurance-vie, il convient aussi de noter les points suivants :

- L'achat d'actions étrangères en direct est extrêmement limité. L'assureur Spirica ne donne aujourd'hui accès qu'aux titres du CAC 40 et de l'Eurostoxx 50 (dans la limite de 112). Quant aux contrat Titres@Vie, il se limite à 151 actions européennes (« *il est prévu que l'on puisse étendre notre offre de titres vifs aux marchés américains et asiatiques, même si cela pose quelques problèmes de coût* », explique François Leneveu, le président d'Altaprofits.com).

- Contrairement au PEA, certains contrats d'assurance-vie (souvent les plus intéressants) exigent un montant minimal d'investissement. Ainsi, sur Titres@Vie, « *le minimum d'investissement est de deux actions par société sélectionnée et sous condition d'avoir un minimum de 3.000 euros d'épargne* ». Sur

Linxea Spirit, Netlife et Mes-placements Liberté, gérés par Spirica, le « *minimum d'investissement sur les supports actions est de 10.000 euros* ».

- Les meilleurs contrats d'assurance-vie donnent néanmoins l'accès aux marchés étrangers via une sélection de fonds et trackers/ETF. Dans ce domaine, la liste dépend de chaque contrat.

- Les opérations d'achat/vente de titres (actions, fonds, trackers/ETF) sont à la fois compliqués (on appelle cela « arbitrage » en assurance-vie), pas toujours autorisés et peuvent être onéreux. Cela dépend encore une fois de chaque contrat, mais sachez que la gestion d'un portefeuille boursier est beaucoup plus contrainte dans le cas d'une assurance-vie que d'un PEA.

- Contrairement au PEA, il n'y a pas de montant maximal d'investissement dans l'assurance-vie. La limite de 150 000 € du PEA ne s'applique donc pas dans l'assurance-vie.

- L'assurance-vie permet des versements et des rachats partiels pendant toute la durée de détention ; le PEA n'offre la possibilité d'effectuer des retraits partiels qu'après son huitième anniversaire mais interdit alors tout nouveau versement (voir précédemment).

- Sur le plan successoral, le PEA n'offre aucun avantage particulier. Au contraire, l'assurance-vie ouvre droit à une imposition forfaitaire et à un abattement plus avantageux que pour le régime général au niveau des droits de succession. Si l'objectif est aussi de transmettre un capital, l'assurance-vie est clairement intéressante face au PEA.

- L'assurance-vie, comme le PEA, permet de « prendre date » d'un point de vue fiscal : un contribuable peut ouvrir un plan ou un contrat avec une somme minimale dans l'unique but de profiter, 5 ou 8 ans plus tard, des avantages fiscaux.

Vous voyez ici que, outre l'aspect fiscal, les différents comptes ont des spécificités propres qu'il faut bien connaître avant d'investir.

Quel cadre fiscal choisir pour optimiser sa fiscalité ?

Pour conclure ce chapitre un peu « technique », je voudrais finir en répondant à cette question que l'on me pose souvent : « *comment optimiser la fiscalité des dividendes ?* » ou, en termes plus triviaux, « *dans quel cadre faut-il investir pour payer le moins d'impôt possible ?* ».

Malheureusement (ou heureusement ?), il n'y a pas de réponse toute faite à cette question. Cela dépend des objectifs de chacun.

Je dirais que le critère principal du choix du cadre fiscal est, au final, principalement, celui des pays dans lesquels vous souhaitez investir, des marchés sur lesquels vous souhaitez acheter vos actions. Est-ce que vous souhaitez investir dans des actions françaises, européennes ou d'autres pays (Etats-Unis, Canada, etc…) ?

Le type de valeurs (actions, fonds, trackers/ETF) dans lesquelles investir et le montant de votre épargne sont aussi des critères à prendre en compte.

Voici, en résumé, ce que je dirais :

1. Si vous souhaitez investir dans des actions hors Europe (en particulier américaines), vous n'avez pas vraiment le choix : seul le compte-titres vous permet de le faire ! Vous êtes alors tributaire de la fiscalité y afférente, sans possibilité d'optimisation. Car ni le PEA ni l'assurance-vie ne permettent de le faire (même si j'ai entendu dire que certains contrats d'assurance-vie pourraient s'ouvrir aux actions américaines – mais même dans ce cas, le choix risque d'être limité).

2. Ce n'est pas, loin de là, un mauvais choix ! Car, en particulier le marché américain offre un choix des meilleures actions à dividendes (voir chapitre 2 et 3) à la fois important en nombre (le plus important marché boursier mondial) mais aussi en qualité !

3. Si vous souhaitez placer votre argent dans des fonds ou trackers/ETF qui investissent dans des actions étrangères, vous pouvez bien évidemment le faire aussi dans le compte-titres ordinaire. Mais, pour optimiser la fiscalité, l'assurance-vie et le PEA sont des alternatives intéressantes. A condition que ces fonds et/ou trackers/ETF soient « éligibles » (dans le cas du PEA) ou « accessibles » (dans le cas de l'assurance-vie). Mais aussi, ne l'oublions pas concernant l'investissement dans les dividendes, que ces fonds/trackers versent des dividendes ! Et cela n'est pas forcément monnaie courante !

4. Enfin, si vous souhaitez investir dans n'importe quelle valeur (action, fonds, trackers) françaises et/ou européennes, le PEA reste le cadre fiscal le plus intéressant. A condition que (rappelons-le) vous ne dépassiez pas la limite de 150 000 € d'investissement et que les valeurs y soient « éligibles ». Je vous

invite, à cet égard, à le faire le plus tôt possible pour « prendre date » et éviter (partiellement du moins) les futures hausses de prélèvements sociaux !

5. En cas de montant d'investissement plus élevé et/ou d'une volonté d'optimiser la transmission de votre patrimoine, l'assurance-vie est une alternative intéressante.

Je rajouterai que si aucune solution n'est optimale dans l'absolu, aucune n'est non plus exclusive de l'autre. Autrement dit, la meilleure solution, au final, à mes yeux est...l'ensemble de ces solutions !

Vous avez tout intérêt à investir dans ces 3 cadres (PEA, compte-titres et assurance-vie) et utiliser leurs avantages !

C'est exactement ce que je fais ! J'investis dans les actions américaines avec mon compte-titres (16% de mon portefeuille) et dans les actions européennes dans mon PEA.

Je choisis ainsi le cadre fiscal optimal en fonction de mes choix d'actions...et non l'inverse !

De même, une personne qui souhaiterait investir des sommes importantes (plus de 150 000 €) dans des valeurs européennes aurait tout intérêt à investir dans le PEA (à concurrence du maximum autorisé de 150 000 €) et le reste en assurance-vie (ou compte-titres).

La seule « contrainte » par rapport à cette méthode d'optimisation fiscale est que, en raison des contraintes de retrait du PEA, vous devez avoir décidé avant votre investissement de la part que vous souhaitez affecter à chaque « segment » (actions européennes, américaines, etc…).

Cela implique donc de préparer en amont, de choisir en amont de l'investissement sa stratégie d'investissement. C'est, en quelque sorte, faire votre « business plan » !

Je précise (car je sais que certains pourraient se poser la question) que je n'ai investi en assurance-vie que de manière anecdotique (1 000 € placé sur un contrat Boursorama). La raison est que je considère les frais de ce cadre fiscal beaucoup trop élevés. Mais, c'est un autre sujet…et l'objet (vraisemblablement) d'un prochain livre (si vous souhaitez être averti(e) de la publication, envoyez-moi un petit mail et je vous tiendrai au courant) !

Partie 6 : 4 idées fausses sur les dividendes et 10 raisons supplémentaires d'y investir

Partie 6 : 4 idées fausses sur les dividendes et 10 raisons supplémentaires d'y investir

Si vous êtes arrivé(e) à ce chapitre, c'est que vous êtes maintenant des « expert(e)s « en matière d'investissement dans les dividendes !

Je voudrais ici approfondir certains points d'interrogations, répondre à certaines objections courantes pour, au final, vous donner encore d'autres raisons pour investir dans les dividendes…au cas où vous ne seriez pas encore convaincu.

4 idées fausses sur les dividendes

Voici donc 4 assertions qui pourraient vous détourner d'un investissement rentable dans les dividendes.

IDÉE FAUSSE N°1 : IL NE SERT À RIEN D'INVESTIR DANS DES ACTIONS À FORT RENDEMENT, SI C'EST POUR VOIR SON CAPITAL BAISSER DE 30%

Pour information, cette idée m'a été posée sous forme de questions dans un des commentaires du site RevenusEtDividendes.com.

Précisons de prime abord que la question ainsi posée suppose que l'investissement dans les dividendes consiste à la recherche du « fort rendement ». Cela constitue déjà à ce niveau une idée fausse, ou en tout cas, une préconisation qui n'est pas la mienne. Je le répète souvent sur mon site et je vous invite à relire le chapitre 2 de ce livre si vous avez cette idée. Vous verrez clairement que le « rendement » n'est, en aucun cas, le critère principal dans le choix des actions à dividendes.

Cette assertion est souvent relayée sur les forums boursiers sous la forme d'une interrogation : « *Pourquoi chercher un rendement élevé si c'est pour voir son capital baisser de 20, 30 ou 40% ?* ». Je la vois en particulier régulièrement sur les forums de Boursorama.

A mes yeux, cette interrogation visant à vous détourner des actions à dividendes reviendrait à poser la question suivante à un acheteur immobilier : « *A quoi ça sert d'acheter son logement si c'est pour le revendre à perte ?* ».

Cette question, personne ne la pose car la réponse est évidente : acheter son logement permet de se loger !. On pourrait même répondre : cela permet de se loger tout en se constituant un patrimoine.

Pour les actions à dividendes, la réponse est identique sur le fond : investir dans les meilleures actions à dividendes permet de gagner un salaire, générer des revenus tout en se constituant un patrimoine.

A mes yeux, cette vision du « risque » en Bourse est à la fois une vision court-terme et surévaluée.

La seule chose qui compte pour « gagner en Bourse grâce aux dividendes », c'est, comme nous l'avons vu précédemment, la durée de l'investissement.

Sur le long terme, l'investissement dans les meilleures actions à dividendes permet à la fois de gagner un salaire (en augmentation, de préférence) et de valoriser son patrimoine.

C'est d'ailleurs dans cette même perspective long terme que les achats immobiliers sont réalisés ! Je suis donc toujours médusé de la critique courante sur le « risque » en Bourse alors que celui-ci est, dans la majorité des cas, écarté pour l'investissement immobilier.

Je vous invite, encore une fois, à choisir les meilleures actions à dividendes pour, sur le long terme, bénéficier de l'augmentation des cours des actions et à lire/écouter mon article « **On vous ment, la Bourse n'est pas risquée**[64] ».

IDÉE FAUSSE N°2 : SI LES PROFITS DES SOCIÉTÉS BAISSENT, LES DIVIDENDES BAISSENT.

Cette idée fausse peut aussi se traduire en sens inverse : si les profits des sociétés augmentent, les dividendes augmentent.

Autrement dit, l'idée (fausse) est ici de dire qu'il existe une corrélation forte (ou parfaite) entre les revenus/profits des entreprises et le montant des dividendes versés.

La vérité est que, sur le court terme, cette corrélation ne se vérifie pas de manière générale.

[64] Ici : https://revenusetdividendes.com/risque-investir-bourse/

Il est vrai et évident que, sur le long terme, le montant des dividendes versés ne peut être décorrélé des résultats d'une société. Autrement dit, si une société voit ses résultats baisser de manière continue sur une longue période, les dividendes versés ne peuvent suivre une trajectoire inverse sans mettre en danger la société.

Néanmoins, cette corrélation, sur le court terme, ne se vérifie pas de manière générale et, en tout cas, pas pour les meilleures actions à dividendes.

Si la relation peut exister sur certaines sociétés, les meilleures sociétés qui versent des dividendes en croissance (comme les « Dividend Aristocrat ») ne lient pas l'évolution des dividendes à l'évolution de leurs revenus.

Les exemples sont nombreux et vous pouvez le vérifier facilement.

A titre d'exemple, une société comme Coca-Cola en est la preuve (elle fait d'ailleurs partie des « Dividend aristocrats » américaines). Le tableau ci-dessous montre l'évolution comparée (base 100 en 1999) des revenus et des dividendes par action entre 2000 et 2016.

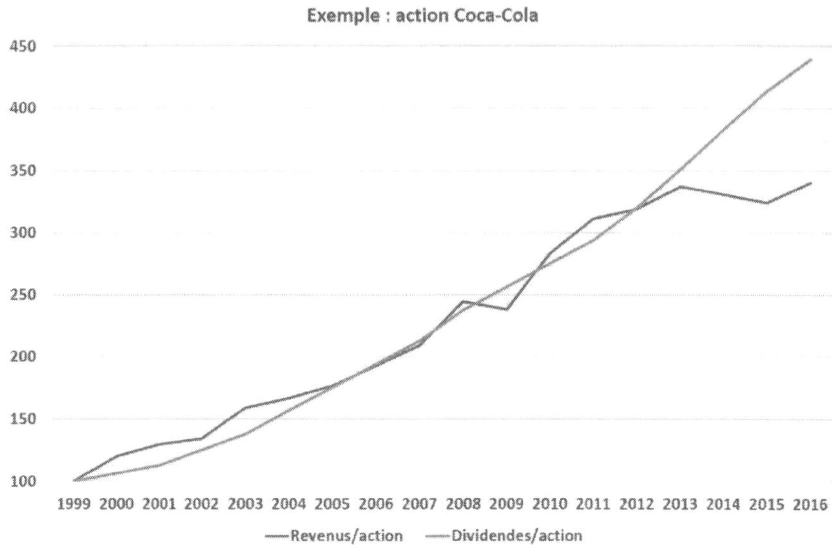

On voit ainsi que, par exemple :

- En 2009, 2014 et 2015 : les revenus ont baissé alors que les dividendes ont augmenté.

- Inversement, entre 2000 et 2004 puis entre 2010 et 2011, les revenus ont augmenté de manière plus importante que les dividendes.

Cet exemple montre bien que le niveau/le montant des dividendes versé est avant tout une décision de gestion d'entreprise.

Des profits qui baissent n'entraînent pas mécaniquement une baisse des dividendes. Cela dépend de la stratégie et de la politique de distribution choisie et mise en œuvre par la direction de l'entreprise.

A cet égard, le choix des actions est, à ce titre, fondamental. Les « Dividend Aristocrats » font partie de ces actions qui ont une augmentation chaque année des dividendes, indépendamment de l'évolution des bénéfices de la société.

Une société française comme Total fournit un autre bon exemple de société qui choisissent de ne pas lier, sur le court terme, l'évolution du dividende à l'évolution des bénéfices (ou pertes) de la société.

Néanmoins, il faut être clair : sur le long terme, l'évolution du dividende ne peut se décorréler de l'évolution des bénéfices d'une société, sauf à faire de la « cavalerie » et à mettre en danger l'existence même de la société.

D'ailleurs, c'est pour cette raison que le nombre de sociétés qui composent les « Dividend Aristocrats » varie d'une année sur l'autre (certaines sortants de cette liste – et d'autres y entrant). Il n'y a jamais aucune garantie de la pérennité éternelle du dividende !

IDÉE FAUSSE N° 3 : IL NE FAUT PAS CHOISIR DES SOCIÉTÉS QUI VERSENT PLUS DE 50% DE LEURS PROFITS EN DIVIDENDES

Cette idée s'appuie sur l'analyse d'un ratio bien connu dans le monde de l'investissement dans les dividendes : le « taux de distribution ».

Ce « taux de distribution » correspond au rapport entre le montant des dividendes versés et le montant du bénéfice d'une société.

Ainsi, par exemple, si une société fait un bénéfice annuel de 100 € et qu'elle verse un montant de dividendes de 60 € à ses actionnaires, on dira que le « taux de distribution » est de 60%.

Autrement dit, plus ce « taux de distribution » est élevé, plus la société verse des dividendes importants à ses actionnaires.

L'idée sous-jacente au choix d'actions avec des « taux de distribution » faible est que cela garantit la santé financière de l'entreprise et le risque sur les dividendes futurs.

S'il est toujours préférable d'avoir en portefeuille une société avec un faible « taux de distribution », mon avis est que, encore une fois, il n'existe pas de corrélation entre un « taux de distribution » et le montant des dividendes versés ni l'augmentation des dividendes versés.

Je ne vais pas, une nouvelle fois, vous « assommez » avez des chiffres, mais plusieurs études (américaines, essentiellement) ont montré que, de manière contre-intuitive, c'est même l'inverse : "*Les données historiques suggèrent fortement que la croissance future des bénéfices est la plus forte lorsque les taux de distribution de dividendes sont élevés et plus faible lorsque ce même taux de distribution est faible*" (pour ceux que ça intéresse, l'étude de Robert D. Arnott et Clifford S.Asness date de 2003 est consultable ici[65])

Pour reprendre l'exemple précédent de Coca-Cola, le « taux de distribution » de la société a, à maintes occasions, dépassé le taux de 70%. Inversement, dans les meilleures années, il a parfois été en-dessous de 50% !

---

[65] Ici : https://www.researchaffiliates.com/documents/FAJ_Jan_Feb_2003_Surprise_Higher_Dividends_Higher_Earnings_Growth.pdf

Par ailleurs, une des raisons pour ne pas s'attacher de manière « doctrinale » à ce critère est que la notion de « bénéfice » est une notion comptable, donc facilement « manipulable ». Il est facile pour une société souhaitant présenter un bilan avantageux de montrer des « bénéfices » comptables importants sans que cela corresponde à une réalité économique tangible.

Je préfère toujours des dividendes non « manipulables » (car dans ma poche d'actionnaire) plutôt que des « bénéfices » virtuels ! Les exemples sont nombreux, croyez-moi !

Enfin, notons que certaines sociétés sont obligées d'avoir un « taux de distribution » supérieur à 80%…sans que personne ne juge ces sociétés ni leurs dividendes comme « risqués » (bien au contraire, d'ailleurs).

Il s'agit, en particulier, des sociétés immobilières d'investissement commerciales (SIIC) comme Unibail ou Klépierre qui, en contrepartie d'une absence d'imposition sur les bénéfices, doivent verser plus de 80% de leurs résultats aux actionnaires !

Et ces sociétés ont des rendements à la fois élevés (plus de 4-5% pour certaines) avec une régularité sur le long terme.

IDÉE FAUSSE N°4 : LES SOCIÉTÉS QUI S'ENDETTENT POUR VERSER DES DIVIDENDES SONT RISQUÉES.

Sur ce point, globalement, le versement des dividendes par endettement est effectivement dangereux pour une société.

Mais, néanmoins, il ne faut pas en faire une généralité. Et, on ne peut pas dire que ce soit « risqué » dans tous les cas.

En particulier, je voudrais évoquer le cas de sociétés parfaitement saines et rentables qui y recourent.

C'est le cas d'une société comme Apple qui est à la fois très rentable (une des sociétés les plus rentables au monde) et qui dispose de réserves de liquidités/cash très importantes (qui font l'objet de beaucoup de critiques d'ailleurs en raison de leur obtention par « optimisation fiscale » ou « évasion fiscale » – tout est question de point de vue).

Apple, depuis 2012, s'endette pour verser ses dividendes (en croissance, d'ailleurs, chaque année).

Néanmoins, cela n'est pas le signe ni d'une santé financière fragile ni d'une mauvaise gestion. Bien au contraire.

Car, dans le but de limiter ses impôts à payer, la société a tout intérêt (financier) à garder ses liquidités et payer les dividendes en empruntant.

Au vu des intérêts actuels très faibles, cette gestion du cash de la société est parfaitement compréhensible et dans l'intérêt de la société.

Je ne vais pas rentrer dans le détail ici du calcul de l'opération financière, mais je voulais vous donner cet exemple pour vous montrer qu'on ne peut absolument pas généraliser sur cette idée que les dividendes payés par emprunt sont dangereux.

La société Total a, elle aussi, recourue à l'endettement (et aussi au paiement des dividendes en action) en 2015 et 2016 pour payer les dividendes. Et cela ne l'a pas empêché de publier en 2017 des résultats financiers parmi les meilleurs de son histoire (et d'augmenter le dividende !).

Encore une fois, sur le long terme, et dans la majorité des cas, le paiement des dividendes par endettement n'est clairement pas une décision de gestion saine. Et, je vous invite à vous méfier de sociétés qui le font régulièrement (comme, par exemple, EDF ou Engie).

Mais je voulais ici tordre le cou à une généralité, à une « sacro-sainte » règle de gestion boursière !

10 raisons supplémentaires d'investir dans les dividendes

En guise de conclusion à ce livre, je voudrais ici vous donner 10 raisons supplémentaires de l'intérêt de l'investissement dans les dividendes (même si certaines ont déjà été évoquées précédemment).

1. **Dans un contexte de baisse générale des rendements, les dividendes sont devenus l'une des rares sources de revenus intéressante.**

C'est aujourd'hui une des principales raisons de l'intérêt (soudain) des « professionnels » de la Bourse et un des principaux arguments avancés par les « experts » pour s'intéresser à l'investissement dans les dividendes.

Je ne l'ai pas mis en avant auparavant car c'est, à mes yeux, une vue à court terme que « d'arbitrer »/ choisir ses placements en fonction du « rendement » du moment. Comme j'ai essayé de vous le démontrer, l'investissement dans les dividendes est rentable sur le long terme, et ce quelque soient les périodes et l'environnement externe (taux, inflation, cycle économique, etc…).

En tant qu'investisseur particulier, la Bourse n'est pas un « jeu « d'arbitrage, de mode. C'est le choix, en amont, d'une stratégie sur le long terme, quelque soient les conditions de marché (surévalué pour certains, sous-évalué pour d'autres). Mon objectif est de choisir/définir une stratégie (objectifs, moyens, cadre) et de m'y tenir. Et, dans cette perspective, l'investissement dans les dividendes est, à mes yeux, la stratégie la plus rentable sur le long terme et me permettant de générer des revenus stables. C'est ce que j'ai voulu partager avec vous ici pour vous faire connaître cet investissement encore méconnu en France.

Toujours est-il qu'il est vrai, qu'aujourd'hui (2017) le bas niveau des rendements des autres placements est un argument supplémentaire pour investir dès maintenant dans les dividendes.

Rappelons qu'en 2016, le rendement moyen des actions françaises du CAC 40 a été de 3%-4%.

En comparaison :

- Le Livret A fournit une rémunération de 0,75% (inférieur à l'inflation !)

- L'assurance-vie en euros a eu une rémunération moyenne en dessous des 2% (nets de frais de gestion et de prélèvements sociaux).

- Les obligations de l'Etat français ont des taux de rendement brut compris entre 0,7% (taux 10 ans) et 1,77% (taux 30 ans).

2. Le dividende est un « parachute » contre la baisse des actions .

En théorie, les investisseurs sont généralement plus réticents à vendre une action qui verse un dividende intéressant et promet des rendements plutôt fiables, même dans des conditions de marché étales, voire négatives.

Cette idée a été vérifiée par les faits.

Historiquement, lors des chutes notables des marchés, le choc a été plus contenu pour les actions offrant un rendement du dividende attrayant. En effet, un rendement provenant d'un dividende soutenable constitue un coussin de sécurité en période de marché difficile.

En raison de l'asymétrie entre perte et gain, rappelons qu'une action dont le cours chuterait de 50%, doit non pas « regagner » 50%, mais bien 100% pour atteindre à nouveau son prix initial. D'où l'importance de résister et limiter les baisses !

Ainsi, par exemple, aux Etats-Unis, en 2002, deuxième pire année de la décennie, les actions des sociétés ne payant aucun dividende ont plongé de 30,3% en moyenne, tandis que les sociétés versant des dividendes ont baissé de seulement 10,9% en moyenne.

3. Dans un marché en baisse, les dividendes permettent d'augmenter le rendement.

Alors que tout le monde est paniqué par le déclin des actions lors d'une récession, les investisseurs en dividendes la voient au contraire comme une opportunité d'achat dans les meilleures actions à dividendes en profitant de la baisse des cours pour augmenter leurs rendements (à la condition que le dividende reste pérenne).

4. Les dividendes offrent une certaine sérénité psychologique

En cas de baisse des marchés, l'encaissement des dividendes représente un avantage psychologique rassurant. En continuant à recevoir des revenus de dividendes, cela permet de « relativiser » psychologiquement (et de compenser financièrement) la baisse de la valorisation du portefeuille.

De plus, si, comme moi, les dividendes constituent votre principale source de revenus (sans objectif de plus-value), la baisse des cours, dans l'hypothèse où les dividendes ne seraient pas impactés, n'est pas un sujet de préoccupation. A cet égard, je vous invite à faire comme moi, c'est-à-dire à simuler un « crash test » pour évaluer l'impact d'un krach boursier sur vos revenus[66]. Vous verrez, c'est très instructif 😊

[66] Ici : https://revenusetdividendes.com/comment-perdre-200000-euros-bourse

5. Contrairement aux bénéfices, les dividendes ne mentent pas.

D'un point de vue comptable, il est relativement facile de falsifier et manipuler des revenus pour les embellir de façon impressionnante. Il n'y a par contre aucun trucage possible sur les revenus qui sont versés sur votre compte !

Bien que toujours scruté par la majorité des investisseurs, le résultat net constitue une donnée nettement moins fiable que le dividende.

En effet, outre la « créativité comptable » de nombreux dirigeants (Enron, Tyco, Parmalat, Lehman Brothers, Olympus, Autonomy, Tesco…), le résultat net peut parfois être pollué par d'autres éléments ne reflétant pas nécessairement les fondamentaux d'une entreprise (modification des politiques d'amortissement et de dépréciation, évolution de l'endettement et du coût de la dette, variation du taux d'impôt, résultats exceptionnels, myriades de normes comptables,…), alors même que le dividende représente une sortie de cash réelle, tombant dans les poches des actionnaires (grands comme petits, ce qui tend à aligner leurs intérêts).

6. Les dividendes sont un moyen de contrôle immédiat et permanent

Avec le temps qui passe, les investisseurs dans les actions à dividendes croissants voient leurs revenus en dividendes croître régulièrement. Vous n'avez pas à attendre cinq à dix ans pour déterminer si la stratégie fonctionne. Chaque dividende et chacune de ses augmentations fournissent à l'investisseur l'assurance qu'il est sur la bonne voie.

7. Les entreprises qui versent des dividendes réguliers sont mieux gérées.

Les résultats supérieurs des actions à dividendes s'expliquent par le fait qu'un long historique ininterrompu de paiement de dividendes traduit non seulement la volonté mais également la capacité d'une société à rétribuer ses actionnaires.

En effet, payer sans interruption un dividende attractif et en croissance nécessite de générer d'importants flux de trésorerie et d'être capable de croître de manière rentable. Ainsi, les entreprises qui développent leur dividende sur une base régulière ont tendance à être celles qui possèdent la meilleure situation financière et sont en mesure de soutenir la croissance des bénéfices.

En outre, une politique de versement régulier d'un dividende (une information publique) impose au management rigueur et discipline dans la gestion, le contrôle de l'endettement, ainsi que l'allocation du capital (éviter les projets dont la rentabilité économique n'est pas idéale, les acquisitions destructrices de valeur ou les rachats d'actions trop chèrement valorisées). En effet, toute réduction ou coupe de celui-ci reviendrait à admettre publiquement un échec face aux investisseurs, concurrents, médias…

Ces entreprises sont généralement caractérisées par des positionnements stratégiques forts sur des marchés favorablement orientés leur permettant de dégager des profits en croissance régulière. De plus, elles démontrent une attention particulière à l'égard de leurs actionnaires en disciplinant leur politique d'expansion pour maintenir une distribution de dividendes régulière et croissante.

8. Les dividendes sont une bonne anticipation des bénéfices futurs.

La politique de distribution des dividendes donne des indications importantes sur la santé future de l'entreprise. L'étude précédemment citée de Robert D. Arnott et Clifford S.Asness sur les sociétés composant le S&P 500 prouve que plus le taux de distribution des dividendes est élevé, plus la croissance réelle des bénéfices le sera dans les années à venir (et inversement). Cela peut s'expliquer par le niveau de confiance du management qui, disposant d'informations internes détaillées, module le taux de distribution en fonction des perspectives.

Cette étude vient ainsi invalider l'idée répandue selon laquelle un réinvestissement extrêmement élevé des bénéfices (et donc un faible taux de distribution) conduit nécessairement à une croissance future supérieure.

9. Un portefeuille constitué des meilleures actions à dividendes nécessite peu de temps à gérer.

Vous voulez profiter paisiblement de votre temps, ne pas passer votre temps sur votre portefeuille et vous faire encore plus de cheveux gris, non ? Et bien, l'investissement dans les meilleures actions à dividendes est le meilleur placement boursier pour vous !

J'en suis la preuve vivante puisque, alors même que les dividendes constituent mon unique source de revenus, je n'y passe pas plus de 2h/semaine (et encore).

Le plus important et (peut-être le plus long) est de définir vos objectifs et votre stratégie d'investissement. La méthode d'investissement dans les dividendes est celle que j'ai choisi et dont je vous ai ici montré tout les avantages. Si d'autres choix existent, cette méthode a clairement l'avantage d'y consacrer peu de temps en gestion.

La question de la constitution de son portefeuille et du temps à y consacrer est expliquée plus en détail dans ma méthode pour gagner 1 000 €/mois grâce aux dividendes.

10. Investir dans les dividendes est (presque) une philosophie de vie !

Pour finir, je dirais que ce qui fait la particularité de cette approche de l'investissement dans les dividendes, c'est sa sagesse. C'est presque une philosophie de vie, tant la patience et le calme s'opposent à l'agitation et à l'empressement des spéculateurs boursiers.

Conclusion – Votre Cadeau

Conclusion – Votre Cadeau

Merci d'avoir lu ce livre. J'espère qu'il vous a plu, qu'il vous sera utile, et surtout qu'il vous aidera à passer à l'action !

Pour vous remercier, je voudrais vous faire un cadeau rien que pour vous !

Pour vous aider dans vos investissements dans les dividendes, **je vous offre mon "Calculateur de Fiscalité des Dividendes" (valeur : 19,99 €)**[67] !

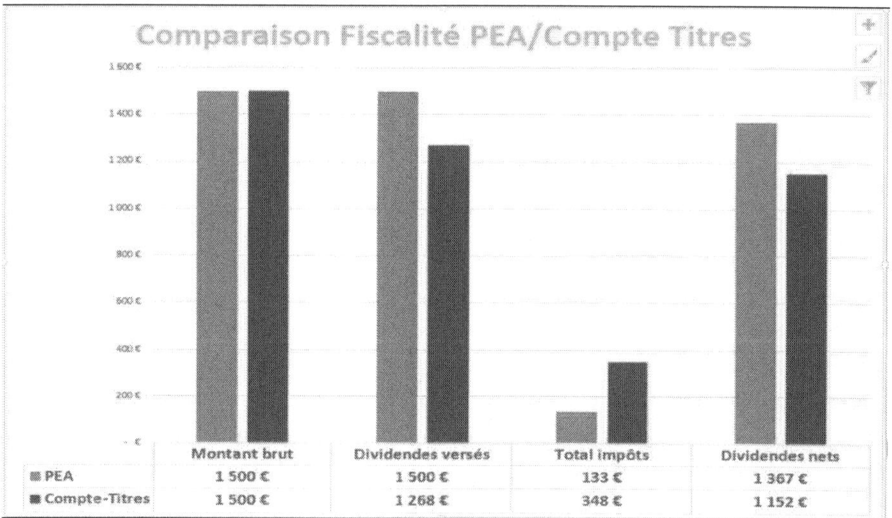

67 Voir toutes les fonctionnalités ici : http://revenusetdividendes.com/calculateur-fiscalite-dividendes/

Mon Calculateur vous permet, en 1 clic, de **calculer, simuler et estimer votre propre fiscalité des dividendes**.

Il vous permet de répondre précisément à des questions essentielles, en fonction de votre situation personnelle :

- Combien vais-je devoir payer d'impôt si j'achète telle ou telle action ?
- Combien vais-je recevoir sur mon compte titres ou mon PEA ?
- A combien se montent les prélèvements sociaux sur telle ou telle action ?
- Quel montant d'impôt vais-je devoir payer l'année prochaine ?
- Comment (et quels montants) déclarer sur ma feuille d'impôt ?
- Vaut-il mieux investir dans un PEA ou dans un compte-titres ?

A toutes ces questions, le calculateur de fiscalité des dividendes vous DONNE UNE REPONSE PRECISE !

La particularité de ce calculateur de fiscalité des dividendes, c'est qu'il vous apporte une réponse en prenant en compte votre situation personnelle.

Grâce à ce logiciel, sur la base des informations de votre portefeuille, le logiciel vous donne un aperçu de votre déclaration d'impôt pré-remplie.

Les informations sont remplies automatiquement et vous permettent de visualiser à la fois les montants et les lignes fiscales où s'appliquent ces montants !

Pour recevoir cet outil UNIQUE en France, je vous demande juste de donner votre avis sur mon livre :

1. Publiez votre avis sur Amazon.

2. Informez-moi par mail (bertrand@revenusetdividendes.com) de la publication de votre avis (en me précisant votre pseudo utilisé).

3. Je vous envoie par retour de mail le logiciel (format Excel) accompagné de son Guide d'Utilisation et d'une vidéo explicative !

Votre avis compte à la fois pour moi mais aussi pour aider d'autres personnes dans leur choix !

Enfin, pour me suivre/me contacter :

Voici mon mail : bertrand@revenusetdividendes.com

Le site Revenus et Dividendes : https://revenusetdividendes.com

Page Facebook : https://www.facebook.com/revenusetdividendes/

Pour aller plus loin :

Mes formations sur la bourse : https://revenusetdividendes.com/formations-apprendre-bourse/

Mes logiciels boursiers : https://revenusetdividendes.com/logiciels-dividendes/

Mes outils/ressources :
https://revenusetdividendes.com/ressources/

FIN

Printed in Poland
by Amazon Fulfillment
Poland Sp. z o.o., Wrocław

53932448R00132